Ich lebe sehr gerne

D1735292

Herausgeberin: Schweiz. Gesellschaft für Muskelkranke
                          (SGMK) Zürich
Lektorat: Ursula Eggli, Bern
Gestaltung und Layout: Atelier Urs und Thomas Dillier, Basel
Druck: Steudler Press AG, Basel

ISBN 3-905009-32-3
2. Auflage 2001
Copyright ©2001 SGMK

Marco Müller
Erica Brühlmann-Jecklin

Ich lebe sehr gerne

Skizzen eines jungen schwerbehinderten Mannes

ANJA Verlag

Widmung

Marco Müller widmet das Buch seiner Mutter und seinem verstorbenen Freund Michael.

Erica Brühlmann-Jecklin widmet das Buch Prof. Dr. med. Hans Moser für seine grossen Leistungen, die er während über zwanzig Jahren für die Schweizerische Gesellschaft für Muskelkranke (SGMK) und speziell für die muskelkranken Kinder erbrachte.

Inhalt

Vorwort

«… und ich möchte, bevor ich sterbe, doch noch erleben, ob es wirklich so schlimm ist, wie die Nichtbehinderten immer sagen.» Zusammengesunken, zwischen hohen spitzen Schultern hängend, sitzt er in seinem Rollstuhl. Paolo. Dünn ist er geworden in den letzten Jahren, denke ich wehmütig. Als Kind war er so rund und keck, so ungeduldig, wenn etwas nicht lief, wie er wollte. Zum Glück hatte er schon damals seinen Elektrorollstuhl. Mit dem konnte er durchaus voller Wut, krachend in eine Wand fahren, und nur die Sorge um den kostbaren Rollstuhl hielt ihn vor weiterem Rabaukentum ab. Er war einer der vielen Buben in den Lagern für muskelkranke Kinder, die ich jahrelang geleitet habe. «Warum kommen diese Kinder auf die Welt, um sie so jung wieder zu verlassen? Warum sind sie hier? Ich komme mir manchmal vor wie auf einem fremden Stern mit unbekannten, dunklen Ordnungen, mit Gesetzen die mich abstossen und gleichzeitig faszinieren, und es drängt mich, ihren geheimen Sinn herauszufinden. Eines jedenfalls ist mir längst klar, und das ist eine tiefe, jubelnde Wahrheit: Es ist gut, dass diese Kinder hier sind. Es ist gut!» Das schrieb ich bereits damals in meinem Buch «Die Zärtlichkeit des Sonntagsbratens».

«… und ich möchte, bevor ich sterbe, doch noch erleben, ob es wirklich so schlimm ist, wie die Nichtbehinderten immer sagen», sagte Paolo. Die Zuhörer und Zuhörerinnen im neuerbauten Saal des Wohn- und Schulheimes blicken verwirrt. Paolo

9

bemerkt seinen Fehler, grinst breit und verbessert sich schnell: «… ähm - ich wollte natürlich sagen, ich möchte noch erleben, ob es wirklich so schön ist, wie die Nichtbehinderten sagen.» Schallendes Gelächter im Publikum. Es ging um Sexualität. Die MitarbeiterInnen des Heims haben sich in ihrer Weiterbildung dieses brisante Thema vorgenommen und endlich auch einmal mit den Betroffenen gemeinsam diskutiert. Paolo möchte wissen, ob Sexualität wirklich so schön sei, wie Nichtbehinderte immer sagen.

Ein freud'scher Versprecher? Die jungen Männer formulieren mit erstaunlicher Offenheit, dass sie sexuelle Wesen sind, dass sie Erotik erfahren wollen, eine Frau lieben möchten. Sie möchten dies alles erleben vor dem Tod, der sie in jungen Jahren ereilen wird. Sie schlagen diesem Tod immer wieder ein Schnippchen, mancher von ihnen mit einem Augenzwinkern, mit Mut, Hartnäckigkeit und überwältigendem Lebenswillen. Paolo hat den grossen Bruder Tod immer wieder davon gejagt, singend und schimpfend, ein unglaublich zähes (Un)kräutlein.

Auch Marco habe ich in einem dieser Ferienlager kennengelernt, ein hübscher, dunkelhaariger Junge, zurückhaltend und sehr höflich. Wahrscheinlich machte es ihm Eindruck, dass eine – ebenfalls durch eine Muskelkrankheit – behinderte Frau das Lager leitete. Später sind wir uns gelegentlich wieder begegnet. Weil er aber schon nach dem ersten Lager ins Jugendlager wechselte und ich weiterhin die Kinderlager leitete, lernte ich ihn nicht sehr gut kennen. Der Kontakt wurde zusätzlich dadurch erschwert, dass Marco in den letzten Jahren auch tagsüber seine Atemmaske tragen muss und damit ein bisschen aussieht, wie ein fremdes Weltraumwesen. Man muss nahe zu ihm sitzen, wenn man mit ihm reden will, man muss sich Zeit nehmen, möchte man etwas von ihm erfahren.

Erica Brühlmann-Jecklin hat sich diese Zeit genommen. Sie war es auch, die mich seinerzeit dazu ermunterte, die Lager für muskelkranke Kinder zu leiten. Selber behindert hat sie die Schweizerische Gesellschaft für Muskelkranke (SGMK) gegründet und im Laufe der Jahre ehrenamtliche Vereinsarbeit geleistet: Während den ersten neun Jahren die Geschäfte des Vereins geführt, Muskelkranke beraten, unzählige Elterngespräche geführt, Jugendlager geleitet, viele Kinder und Jugendliche auf ihrem letzten Weg begleitet, hat dies zusätzlich zur Arbeit in der Familie, zum Beruf, zu den Auftritten als Liedermacherin, als Schriftstellerin und als Gründerin eines weiteren Vereins für Kranke unter einen Hut gebracht. Das vorliegende Buch kam zustande, weil sie Marco mit ihrem Tonband besuchte und ihn sein Leben auf Kassetten erzählen liess. Marco hatte den Mut, offen über sein Leben zu erzählen. Dabei liess er auch Tabu-Themen nicht aus.

«… ich möchte, bevor ich sterbe, doch noch erleben, ob es wirklich so schlimm ist, wie die Nichtbehinderten immer sagen», hat Paolo in seinem Versprecher formuliert. Man kann den Satz auch auf das Leben anwenden. Haben Nichtbehinderte nicht oft allzu viel zu klagen über ihr Leben? Und ist es wirklich immer so schlimm? Diese jungen Leute geben ein Beispiel, dass sie trotz schwierigen Umständen gerne leben. Sehr gerne leben, wie Marco es formuliert. Ich wünsche dem Buch eine weite Verbreitung, damit Betroffene und ihre Angehörigen sich verstanden fühlen, damit Themen, wie sie Marco anspricht, selbstverständlich werden und damit das Verständnis bei Nichtbehinderten vermehrt wird.

Ursula Eggli
Bern, im Mai 2001

Professor Hans Moser, Gründungsmitglied der Schweizerischen Gesellschaft für Muskelkranke und langjähriger ehrenamtlicher Mitarbeiter in dieser Institution, musste als Arzt manchen Eltern in einem Gespräch mitteilen, ihr Sohn leide an einer schweren Muskelkrankheit, die eine zunehmende Behinderung und einen frühen Tod mit sich bringen werde. Die Krankheit heisst ‹Muskeldystrophie Typ Duchenne›. Einmal, so Professor Moser, sei ein Vater bei einem solchen Elterngespräch ohnmächtig auf den Boden gefallen. Dieses Bild passt wohl zur Situation, wie es Eltern ergeht, wenn sie mit einer so schweren Krankheit, einer solchen Schicksalsnachricht konfrontiert werden: Ohnmacht macht sich breit.

Erste Erinnerungen, Familie, Schule, Krankheit

Mein Name ist Marco und ich wurde am 26. Juli 1974 im zürcherischen Schwamendingen geboren. Als meine Eltern, nachdem bei mir im Kinderspital Zürich gründliche Untersuchungen gemacht worden waren, die Diagnose erfuhren, als der Arzt ihnen sagte, ich hätte eine schwere Muskelkrankheit, muss sich bei ihnen wahrhaftig ein Ohnmachtsgefühl eingeschlichen haben. Ich kann mir zwar nicht vorstellen, dass mein Vater vor einem Arzt ohnmächtig umgefallen wäre. Die Ohnmacht spürte er wohl eher innerlich. Wie auch meine Mutter. Die Nachricht traf irgendwo tief innen und löste als erstes einen Schock aus. Ich war damals gerade mal vier Jahre alt und habe keine Erinnerung daran. Ich war ein scheinbar normaler Vierjähriger, der sich noch nicht darum schert, warum er häufiger hinfällt als andere, sondern der wie andere Kinder gleichen Alters gerne spielt und die ersten Schritte von den Eltern weg hin zum Kinderspielplatz tut.

Was in dem so komplizierten Namen ‹Duchenne-Muskeldystrophie› ausgedrückt wird, heisst übersetzt, dass die Muskeln langsam aber sicher zugrunde gehen, was zur Folge hat, dass der Betroffene mehr und mehr behindert ist, bis er schliesslich einen Rollstuhl braucht. Dass ich behindert bin, eine zunehmende Behinderung habe, realisierte ich erst während der Schulzeit.

An den Kindergarten erinnere ich mich wenig, ausser an ein Erlebnis, das ich mit einem Nachbarjungen hatte, der mit mir den Kindergarten besuchte. Er war mein Freund und wir spielten oft zusammen. Einmal begaben wir uns auf einen Spielplatz, der etwa dreihundert Meter von unserem Zuhause entfernt war. Zum Mittagessen sollten wir nach Hause gehen. Wir spielten im Sandhaufen, bauten Burgen und liessen unsere Autos auf den von uns gebauten Sandstrassen fahren. So vergassen wir die Zeit. Es muss so gegen fünfzehn Uhr gewesen sein, als plötzlich ein Polizeiauto vorfuhr. Polizisten stiegen aus, halfen uns unser Spielzeug zusammen nehmen und brachten uns ins Auto. So wurden wir mit der Streife heimgebracht. Wir hatten den Eltern nicht genau gesagt, auf welchen Spielplatz wir gehen würden. Sie hatten uns mit ihren Fahrrädern verzweifelt gesucht, aber nirgends gefunden. Die Heimfahrt mit dem Polizeiauto war zwiespältig. Einerseits wussten wir, dass man zu Hause mit uns schimpfen würde, wir hatten ein schlechtes Gewissen, weil wir wussten, dass sich die Eltern um uns Sorge gemacht hatten. Anderseits war das Fahren im Polizeiauto auch ein Erlebnis. Die Eltern waren erleichtert, als uns die Polizisten zu Hause ablieferten. Zu diesem Kindergartenfreund von damals habe ich heute leider keine Beziehung mehr.

Zu meinen ersten Erinnerungen gehört auch der erste Schultag. Die Mutter begleitete mich ins Luchswiesen-Schulhaus. Ich hatte Angst, weil für mich alles neu und ungewohnt war. Die Angst legte sich allerdings schnell. Die Lehrerin und auch die Schulkameradinnen und -kameraden waren alle nett und schauten zu mir. Ich konnte damals noch relativ gut selber gehen, und so störten mich die Treppen im Schulhaus wenig. Schon zwei Jahre später war ich aber bereits so stark behindert, dass ich immer als erster oder letzter aus dem Schulzimmer gehen musste, um von den andern nicht umgerannt zu werden. Das war die Zeit, als ich mehr und mehr hinfiel. Das geht allen Duchenne-Knaben so. Diese Art von Muskelschwund trifft übrigens nur

Knaben. Mädchen können das kranke Gen zwar vererbt bekommen, erkranken aber nicht. Sie können es an ihre Söhne und Töchter weitergeben, wobei wieder die Söhne krank und die Töchter Überträgerinnen werden. Ich selber habe keine Geschwister.

Als kleiner Bub war ich zu Hause sehr gut aufgehoben. Die Eltern hatten es gut zusammen. Mit dem Vater konnte ich viel Spass machen. Samstags oder sonntags war manchmal ein Ausflug geplant. Darauf freute ich mich immer besonders. Doch es kam auch vor, dass sich der Vater nach dem Mittagessen ein wenig zum Schlafen hinlegte. Dann schlief er manchmal bis um sechzehn Uhr. Oder er sagte aus einer Laune heraus plötzlich, wir würden den Ausflug nun doch nicht machen. Dann war ich unglaublich enttäuscht. Ich hatte mich jeweils so darauf gefreut, einen Tagesausflug zu machen. Aber wenn es klappte, war es immer wunderschön. Oft gingen wir in die Berge. Meine Patin wohnte in Engelberg. Damals konnte ich noch gehen. Sie hatte einen Schäferhund, mit dem ich gerne spielte. Auch ins Toggenburg gingen wir oft. Dort hatte der Chef meines Vaters ein Ferienhaus, das wir benutzen konnten. Das alles sind sehr schöne Erinnerungen.

Zwei drei Mal im Monat ging ich früh morgens mit meinem Vater fischen. Er war über Jahre Mitglied in einem Fischerverein. Dahin durfte ich jeweils mit ihm gehen. Ich war zwar der Jüngste, aber die andern hatten ihre Freude an mir. Jeweils etwa um fünf Uhr früh mussten wir aufstehen. Dann fuhren wir zum Greifensee oder zum Rhein. Einmal fing ich sogar einen Aal, doch mein Problem war, ihn tot zu schlagen, so musste dies mein Vater übernehmen.

Gemäss meiner Mutter war ich ein anhänglicher Bub. Sie brachte mich jeweils zu Bett. Wenn ich tagsüber draussen spielte und hinfiel, in der Zeit, als ich nicht mehr selber aufstehen konnte, durfte ich ihr im Umkreis von ein- bis zweihundert Meter rufen, das heisst ich musste eigentlich schreien. Dann kam sie herbei gerannt und stellte mich wieder auf die Beine. Wenn nötig pflasterte sie meine Knie. Eine liebende und fürsorgliche Mutter.

Wie erwähnt, erst als ich zur Schule ging, also etwa mit sieben, acht Jahren, realisierte ich, dass ich nicht so gut gehen konnte wie die andern. Es störte mich allerdings nicht so sehr und die andern wohl auch nicht. In der Unterstufe konnte ich auch noch auf Schulreisen mitgehen. Einmal gingen wir auf die Forch. Die Schulklasse reiste mit der Forchbahn. Mich brachte der Vater mit dem Auto. Dann setzte ich mich zum Spazieren in den Handrollstuhl. So gehörte ich dazu.

Im übrigen war ich wohl ein ganz normaler Junge. Ich hatte meinen Freundeskreis. Wir waren eine Clique, die meistens gegen eine andere Clique kämpfte. Die andern waren für uns die Bösen. Einzelne waren mir gegenüber tatsächlich böse und gemein. Nutzten aus, dass meine Muskeln schwächer waren. Manchmal versteckte sich einer hinter einem Baum und wartete, bis ich kam, stellte mir ein Bein, weil er wusste, dass ich leicht hinfiel. Die ‹Guten›, also die von unserer Clique, verteidigten mich, halfen mir aus der schwierigen Situation heraus und stellten mich wenn nötig wieder auf die Beine. Es gab für mich also eine «gute» und eine «böse» Welt.

Später, als meine Behinderung zunahm und ich immer häufiger den Rollstuhl brauchte, waren es mehrheitlich Mädchen, die mir halfen und meinen Rollstuhl schoben. Ein Problem wurde für mich die Behinderung, als ich nicht mehr Treppen steigen konnte. Nach dem dritten Schuljahr war für unsere Klasse ein Lehrer- und ein Schulhauswechsel vorgesehen. Im neuen Schul-

Marco 9-jährig:
In der Stammbeiz
beim Studium
der Dessertkarte

haus hätte es aber mehr Treppen gehabt. Meine bisherige Lehrerin engagierte sich für mich, erkundigte sich nach Schulmöglichkeiten für Behinderte und fand zwei Schulheime, die für mich in Frage kamen. Das eine war in Wollishofen. Das andere war das MTH, das Marie-Tanner-Heim. Ich entschied mich fürs MTH.

Zu Beginn besuchte ich die Schule des MTH im Externat. Der Schulwechsel war für mich nicht ganz einfach. Ich verlor den Kontakt zu fast allen Schulkameraden. Ab nun waren mehr oder weniger alle Kinder um mich herum behindert. In der neuen Schule begegnete ich vorwiegend Duchenne-Knaben. Ausserdem waren da auch ein paar wenige Kinder mit anderen Behinderungen. Entsprechend waren die Mädchen in der Minderzahl.

Mein Vater war von Beruf Lastwagenfahrer. Manchmal nahm er mich auf seine Fahrten mit. Das war für mich immer ein besonderes Erlebnis. Jeweils am Morgen führte uns sein Dienst in die Stadt Zürich und am Nachmittag ins Zürcher Oberland. Am Ziel versuchte ich meinem Vater so gut wie möglich beim Holz abladen zu helfen. Als Belohnung durfte ich dann auf Nebenstrassen das Steuer übernehmen. Ich war stolz darauf, dass mein Vater Lastwagenchauffeur war.

Anfangs war der Vater mit mir sehr engagiert. Später, mit meiner zunehmenden Behinderung, bekam er mehr Mühe. Mir gegenüber war er immer lieb, aber ich konnte mit ihm nie über meine Behinderung sprechen. Entweder wollte er nichts darüber wissen oder er wechselte das Gesprächsthema. Er haderte mit dem Schicksal. Ich vermute, dass er deswegen zu trinken begann. Er hat wohl immer ein klein wenig getrunken, aber nun wurde es immer häufiger. In der Zeit zwischen meinem sechsten und zehnten Lebensjahr nahm mich der Vater abends oft mit ins Restaurant. Er trank seine Biere und ich bekam meine Colas. Ich durfte dann auch am Stammtisch sitzen. Manchmal war es lustig. So wie es halt an einem Stammtisch zu und her geht. Eigentlich rauhe Leute, Berufskollegen meines Vaters, also Chauffeure. Aber mir gefiel diese Welt. Ich ging gerne mit. Man kannte mich und ich hatte ein Gefühl der Zugehörigkeit.

Als ich sechzehn war, erhielt der Vater die Kündigung. Angeblich wegen seiner Alkoholkrankheit. Daran glaube ich allerdings nicht, denn wenn er zur Arbeit ging, trank er nicht. Betrunken habe ich den Vater, als ich noch klein war, nie erlebt. Später schon. Aber nicht, wenn er zur Arbeit ging. Er trank nach Feierabend.

Als ich zwölf-dreizehn Jahre alt war, hatte ich manchmal auch etwas Angst. Privat fuhr er auch dann noch Auto, wenn er nicht mehr ganz nüchtern war. Einmal waren wir zusammen am Greifensee. Der Vater und ich. Tranken etwas im Restaurant. Auf dem Heimweg sass ich auf dem Nebensitz. Der Rollstuhl war hinten eingeladen. Dann merkte ich, dass er am Steuer kurz einnickte. Vor uns war eine Autokolonne. Er fuhr mit etwa 60 km pro Stunde. Ich schrie laut: «Papi! Brems!» Er konnte gerade noch eine Vollbremsung machen. Es reichte knapp. Das Auto hielt unmittelbar hinter dem vorderen an. Das war ein Schockerlebnis für mich.

Der Vater hatte eine schwierige Kindheit. Seine zwei Brüder waren immer die Braven und mein Vater immer der Sündenbock. Der Böse. Seine Mutter nahm ihn aber jeweils in Schutz. Das war auch später so. Die übrige Familie liess ihn sozusagen hängen. Vor allem diese zwei Brüder. Zu Beginn waren wir noch oft zu Besuch. Ich ging auch zur Grossmutter in die Ferien. Als meine Behinderung zunahm und der Vater mehr trank, liessen sie ihn im Stich. Für mich war es nicht mehr schön, hinzugehen, denn je stärker behindert ich war, desto weniger ernst wurde ich genommen. Oft benahmen sie sich mir gegenüber abschätzig. Der Vater wurde nicht mehr ernst genommen, weil er alkoholkrank war und ich, weil ich behindert war.

Ich war vierzehn, als sich meine Eltern scheiden liessen. Das war schlimm für mich. Ich verstand es nicht. Ich hatte nichts gegen den Vater und mit der Mutter verstand ich mich sogar ausgezeichnet. Heute weiss ich natürlich, dass Vaters Alkoholismus für die Mutter ein grosses Problem war. Die Familie meines Vaters sagte stets zu mir: «Deine Mutter ist schuld.» Ich nahm sie immer in Schutz und sagte: «Lasst doch meine Mutter in Ruhe.»

Nach der Scheidung stürzte mein Vater völlig ab. Jetzt hatte er keine Arbeit mehr, lebte allein in einer Einzimmerwohnung und holte sich noch einen komplizierten Beinbruch. Danach konnte er nicht mehr richtig gehen. Manchmal, wenn er wieder einmal betrunken aus dem Restaurant nach Hause ging, stürzte er. So konnte sein Bein nie richtig auskurieren. Es kam noch schlimmer mit ihm, als meine Grossmutter starb und unsere Verwandten meinem Vater dafür die Schuld anhängen wollten. «Du hast mit deinem Alkoholproblem die Mutter fertig gemacht.» Völlig falsch. Da bin ich mir sicher.

Ich habe väterlicherseits vier Cousins und zwei Cousinen. Als Kind hatten wir Kontakt. Als ich klein war, spielten wir zusammen. Mit der einen Familie waren wir einmal in Italien in den Ferien. Mit den zunehmenden Problemen brach der Kontakt langsam ab.

Nach der Scheidung meiner Eltern übernahm der Patientenheber die Kraftmission des Vaters. Es ging aber ganz gut, meine Mutter hatte das im Griff. Ich konnte damals nachts noch prima durchschlafen. So richtig kompliziert mit der Pflege wurde es erst viel später, als ich die Atemmaske bekam. Aber damals konnte die Mutter mit Hilfe dieses Patientenhebers die Pflege bewältigen. Der Vater kam ja höchstens noch zu Besuch. Wenn er zur Mutter und zu mir kam, durfte er nur ins Haus kommen, wenn er nicht betrunken war. Manchmal war er aber bereits angetrunken und meine Mutter sagte zu ihm: «Betrunken darfst du nicht mehr kommen!» Dann wurde er zornig. Oder er probierte es auf die Art: «Komm, lass es uns nochmals versuchen zusammen.» Die Mutter hatte sich schon sechs Jahre früher scheiden lassen wollen. Dann hatte sie es tatsächlich wieder mit ihm versucht. Ich hatte als Achtjähriger nichts von all dem gemerkt. Von diesen

Schwierigkeiten erfuhr ich erst, als es wirklich zur Scheidung kam.

Schliesslich hörten wir auch von der Grossmutter nichts mehr. Früher hatte ich sie ja mit dem Vater zusammen oft besucht. Wenn wir ihr jetzt auf der Strasse begegneten, grüsste sie nur noch mich. Meine Mutter liess sie links liegen. Sie tat, als wäre ich allein. Nach dreijährigem Schweigen stand sie eines Tages in der Weihnachtszeit plötzlich vor der Tür. Versöhnte sich mit der Mutter. Das war unglaublich schön. Ich war dabei. Als Jugendlicher. Sie trafen sich zwar nicht mehr so oft wie früher, aber sie hatten wieder Frieden. Bald darauf starb die Grossmutter.

Die Grosseltern mütterlicherseits waren mir meine liebsten. Zwar wohnten sie in Holland, doch als ich drei Jahre alt war, kamen sie für vier Jahre in die Schweiz und lebten in unserem Quartier. In dieser Zeit waren wir so alle paar Tage bei ihnen. Meine Mutter ist also Holländerin. Sie hat den Beruf als Krankenpflegerin bereits in Holland gelernt. Die Mutter redete deutsch mit mir, doch die Grosseltern sprachen holländisch, und so lernte ich auch die Sprache meiner Mutter. Ich verstehe ziemlich alles. Reden kann ich, wenn ich mir Mühe gebe, noch ein wenig.

Mit diesen Grosseltern war es sehr schön. Sie hatten kein Problem mit meiner Behinderung. Sie hatten ja selber einen behinderten Sohn gehabt. Der Bruder meiner Mutter litt an derselben Krankheit. Er starb mit dreizehn Jahren. Von daher war ihnen meine Behinderung vertraut. Sie hatten Freude an mir und ich an ihnen. Der Grossvater bastelte mir ein Holzauto. Einmal durfte ich sogar unsere Katze zu ihnen in die Ferien mitnehmen.

Als ich sieben war, zogen sie zurück nach Holland. Doch auch da besuchten wir sie und der Kontakt blieb trotz der Distanz gut.

Der Grossvater regte sich jeweils auf, weil die Grossmutter nicht mehr gut hörte. «Hast du irgend etwas falsch verstanden?» «Ja, ja!» So zankten sie sich liebevoll.

An Ostern 1999 starben beide innerhalb einer Woche. Sie waren innerhalb desselben Tages ins Spital eingeliefert worden. Die Grossmutter war einfach schwach geworden. Der Grossvater bekam eine Lungenentzündung. Als seine Frau starb, wollte er auch nicht mehr leben. Er überlebte die Lungenentzündung nicht.

Die Mutter hatte eine Schwester. So viel ich weiss, hat sie ihr Leben freiwillig beendet. Sie stürzte sich von einem Hochhaus in den Tod. Ich spreche mit der Mutter nicht darüber. Ich denke, sie weiss auch nichts Genaues. Oder sie mag nicht darüber reden. Diese Schwester hat eine Tochter. Zu dieser hatte während etwa zwölf Jahren eine Funkstille bestanden. Dann, vor noch nicht allzu langer Zeit, hörten wir wieder von ihr. Daraufhin besuchte die Mutter sie in Holland. Ich glaube, sie lebt eine Beziehung zu einer Frau. Da ist meine Mutter aber tolerant. Damit hat sie keine Probleme. Vielleicht ist diese Cousine Überträgerin. Ich weiss es nicht.

Als mein Vater 54-jährig war, erlitt er einen Hirnschlag. Es geschah eines Abends, als er wieder einmal zuviel getrunken hatte. Da wurde ihm schwarz vor den Augen und er fiel zu Boden. Zum Glück fand man ihn schnell genug. Dann lag er einige Zeit im Spital. Zu Beginn war er für einen Alkoholentzug etwa vier Monate lang in einer psychiatrischen Klinik. Mit Erfolg. Seit dieser Zeit ist er trocken. Heute lebt er im Kanton Thurgau in einem Seniorenheim. Dort hat er ein eigenes Zimmer und in einer Werkstatt eine Beschäftigung. Zwar ist es meiner Meinung nach eine recht dubiose Arbeit, doch er ist beschäftigt und irgendwie zufrieden, dass er arbeiten kann.

Seit dem Schlaganfall ist er halbseitig gelähmt und sprach-behindert. Nun sitzt auch er im Rollstuhl. Im Pflegeheim habe ich ihn zunächst etwa dreimal besucht. Jedesmal war es so, dass wir beide nach einer Stunde nicht mehr wussten, über was wir sprechen sollten. Das fand ich schwierig. Dann besuchte ich ihn nicht mehr. Als ich dann das Atemgerät bekam, wollte ich ihn erst recht nicht mehr besuchen. Meine Behinderung war ja weiter fortge-schritten. Ich wollte nicht, dass er mich so stark behindert sieht, dachte, dass mir das zu viel Mühe bereiten würde. So schickte ich ihm nur noch Briefe und Karten. Doch die blieben unbeantwor-tet. Ich erklärte mir das so, dass er durch seine Behinderung wahrscheinlich gar nicht antworten könne. Es war, als hätten wir beide voneinander schon ein Stück weit Abschied genommen.

Nach drei Jahren, als ich nichts mehr von ihm gehört hatte, wie erwähnt auch keine Antwort auf meine Ferienkarten erhielt, meldete sich mein Vater im vergangenen September wie aus hei-terem Himmel das erste Mal wieder und besuchte mich im MTH. Zwar ging uns auch diesmal nach etwa zwei Stunden der Ge-sprächsstoff aus, doch war diese Begegnung dennoch anders als früher und sehr wichtig für uns beide. Die Begleitperson des Va-ters erzählte, mein Vater sei schon drei Stunden vor der Fahrt zu mir geputzt und geschniegelt bereit gewesen und habe es kaum erwarten können, mich wiederzusehen. Ja, nun sitzen wir gewis-sermassen im gleichen Boot und brauchen beide Pflege.

Ich benötige Betreuung, seit ich auf der Welt bin. Es gab die kurze Zeit zwischen fünf und zehn Jahren, da war ich ein wenig selbständig. Konnte mit Schul- und Spielkameraden unterwegs sein. Das war eine gute Zeit. Ich hatte einen Go-Kart, mit dem schoben mich die Kameraden umher. Später, als ich etwa zehn war, ersetzte der Handrollstuhl den Go-Kart. Durch den Rollstuhl

Marco 10-jährig:
Go-Kart als Fortbewegungsmittel

wurde ich wieder beweglicher. Ich erlebte diesen Schritt als Gewinn, denn vorher hatte ich mir ständig die Knie aufgeschlagen, weil ich so oft hinfiel.

Mütter wissen am besten, was man braucht. Zum Beispiel beim Aufstellen nach eine Sturz, beim ins Bett gehen, beim Aufnehmen. Mutter hatte da so ihre Handgriffe und in diesen war sie sehr flink. Abends brauchte sie am meisten Zeit, um alle Plüschtiere ans richtige Ort zu setzen. Die Plüschtiere waren wichtig für mich. Einmal ging ich in die Ferien mit einem grossen und einem kleinen Koffer. Im kleinen lagen meine Utensilien, im grossen waren lauter Plüschtiere. Einige davon habe ich bis heute behalten. Es gibt einen Bär, der gleich alt ist wie ich. Den benutze ich heute für die Lagerung. Der liegt jeweils die ganze Nacht auf meiner Brust, und meine Arme und Hände sind auf ihm gelagert. Deshalb ist er so flach gedrückt.

Später wurde die Betreuung für die Mutter schwieriger, da ich grösser und schwerer wurde und meine Behinderung zunahm. Ab diesem Zeitpunkt, die Eltern waren damals noch zusammen, übernahm der Vater das Heben. Aber für die Lagerung, obwohl ich damals wenig brauchte, hatte er keine Geduld. Also übernahm das weiterhin die Mutter. Er gab seine Kraft und die Mutter ihr Gespür.

Nun war ich also externer Schüler des Marie-Tanner-Heimes. An den ersten Schultag erinnere ich mich sehr genau. Ich fühlte mich eigenartig. Alle schauten mich an. Ich meinerseits bestaunte die andern in ihren Rollstühlen. Weil in der Mittelstufe kein Platz frei war, wurde ich für die ersten Tage in die Oberstufe eingeteilt. Dann wurde ein Platz frei und ich war jetzt Viertklässer an der neuen Schule und sass mit anderen Schulkameraden zusammen, die grösstenteils dieselbe Behinderung hatten wie ich. Meine erste Lehrerin im MTH hiess Martha K., sie hatte zugleich auch die Heimleitung inne.

Ein Tag vor mir war ein anderer Bub neu eingetreten. Er hiess Pascal. Pascal wurde bald mein bester Freund. Wirklich, mein bester Freund. Wir waren vom ersten Tag an zusammen. Das stärkte uns für den Neubeginn. Er hatte bereits einen Elektro-Rollstuhl, weil seine Behinderung schon weiter fortgeschritten war. Ich konnte noch ein wenig gehen, hielt mich an seinem Rollstuhl fest, und so spazierten wir umher. Ich durfte einige Male mit zu ihm nach Hause gehen. Zu seinen Eltern und seiner Schwester. Mit ihm nahm ich auch am Kinderlager der Gesellschaft für Muskelkranke teil. Für mich war es das erste Lager, während für ihn alles schon vertraut war. So zeigte er mir die Umgebung. Das war 1985. Später ging ich Jahr für Jahr hin.

Diese Lager waren gut für mich, wurden mir sehr wichtig. Eine sehr schöne Abwechslung. Klar kam es darauf an, wen man als Betreuer bekam. Es spielt eine Rolle, wie einem jemand anfasst. Bei Schwierigkeiten gab es aber die Möglichkeit, einen Betreuerwechsel vorzunehmen. Eigenartigerweise hatte ich eher mit männlichen Betreuern Probleme. Dann bekam ich nur noch Betreuerinnen. Die waren geduldiger.

Das Jahr darauf ging ich zusammen mit den Brüdern Luigi und Rino, die auch im MTH wohnten, ins Jugendlager. Jetzt waren sie die Neulinge, waren sie das erste Mal dabei. Obwohl ich zuerst Widerstände gehabt hatte, ins Jugendlager zu gehen, fand ich es dann doch gut. Ich passte als Jugendlicher da jetzt besser hin. Wir erlebten viel zusammen. Manchmal stritten wir uns, dann waren wir wieder gute Freunde. Manchmal machten wir ‹Rollstuhl-Fangis› und Rollstuhl-Hockey. Rollstuhl-Hockey ist mir etwas ganz Wichtiges geworden. Wir lernten diesen Sport im Marie-Tanner-Heim kennen, und ich will darüber -weil er mir in meinem Leben so bedeutsam ist- ein eigenes Kapitel schreiben.

Als Oberstufenschüler zog ich dann ganz ins Heim und war ab nun Bewohner und Schüler im Internat.

Ausbildung und Arbeit im Bürozentrum

Nach Schulabschluss konnte ich im Marie-Tanner-Heim eine dreijährige Bürolehre absolvieren. Ich war stolz, diese Ausbildung machen zu können, wusste ich doch zu gut, dass noch vor wenigen Jahren für Behinderte mit dieser Muskelkrankheit eine Ausbildung nicht zur Debatte gestanden hätte.

Wir hatten in der Ausbildung zwei gute Lehrerinnen, Monique und Andrea. Mit ihnen war das Lernen vergnüglich und die Arbeit machte Spass. Wir mochten die beiden Lehrerinnen. Dann verliessen sie die Schule, was wir ausserordentlich bedauerten.

Martha, die Leiterin, hat ein grosses Verdienst in diesem Heim. Sie hat das Bürozentrum für uns erkämpft. Früher konnten muskelkranke Jugendliche wie erwähnt keine Ausbildung machen, wurden in Alters- und Pflegeheime abgeschoben. Sie kämpfte bei der Invalidenversicherung für uns und erreichte, dass Muskelkranken, auch mit einer schlechten Prognose, eine Ausbildung zuteil wird. Interessanterweise stieg die Lebenserwartung dadurch frappant an. Die Duchenne-Muskelkranken werden, seit sie eine Zukunft haben, bis zu zehn Jahre älter als früher. Dies erzählte mir meine Mitautorin. Sie kannte das Heim schon früher, begleitete die Muskelkranken und stellte dieses eindrückliche Resultat fest. Dies ist zweifellos ein Verdienst von Martha K..

Als Marthas Mann gestorben war, blieb sie nur noch für kurze Zeit Heimleiterin. Dann gab sie diese Aufgabe ab. Die Schulleitung behielt sie vorderhand noch.

Dann wurde ihr auch das zu viel. Wir Schüler hatten das bemerkt. Angestellte kamen und gingen und es herrschte ein grosser Wechsel beim Personal. Ich erinnere mich an einen Sommer, da gingen insgesamt zwölf Mitarbeiterinnen und Mitarbeiter. Wir versuchten das zu bestreiken. Forderten eine Aussprache. Aber auf uns hörte man prinzipiell zuletzt. Als Andrea und Monique gingen, wollten wir uns zuerst weigern, die Ausbildung fortzusetzen.

Anstelle der beiden Lehrerinnen wurde nun ein Ausbildner eingestellt. Werner Stark. Der passte uns aber nicht. Neben der Aufgabe als Ausbildner hatte er gleichzeitig auch die Leitung des Bürozentrums inne. Wir hatten Mühe mit seiner strengen autoritären Linie. Er ging dann auch bald wieder. Dann kam Esther Frei und es wurde wieder lockerer für uns. Die Arbeit lief gut und wir mochten sie gerne. Sie war lieb. Aber das reichte nicht. Wir machten keine Fortschritte mehr und es haperte mit Aufträgen. Das Bürozentrum ist auf Aufträge angewiesen. Dann verliess auch sie uns. Mangelnde Aufträge müssen nicht die Schuld der Verantwortlichen des Bürozentrums sein. So etwas kann mehrere Gründe haben. Die Rezession spielte sicher eine Rolle. Nun wurden die Leitung des Bürozentrums und die Ausbildung wieder getrennt.

Martha K. ging schliesslich in den frühzeitigen Ruhestand. Sie mochte einfach nicht mehr. Seit ihr Mann gestorben war, ging es ihr nicht gut. Das färbte auch auf das Marie-Tanner-Heim ab. Vorher hatte ich zu ihr eine gute Beziehung gehabt und wie erwähnt, sie hat auch ein grosses Verdienst. Die Ausbildung verdanken wir ihr. Doch gegen den Schluss störte mich manches. Wir versuchten stets, mit ihr zu reden. Wir hatten sogar einmal eine Sitzung zusammen mit dem Stiftungsrat. Aber es fruchtete nichts. Man ging auf nichts ein, was von uns kam. Wir brachten Vorschläge, aber die Verantwortlichen brachten lauter Ausreden. Sagten zu all unseren Vorschlägen: «Das geht nicht.» Sie gingen in keiner Weise auf uns ein. Auf uns hörte man einfach nicht.

Schliesslich wurde Jürg Roffler als Heimleiter und Alex Metger als Leiter des Bürozentrums eingestellt. Alex ist auch muskelkrank. Mit ihm ging es gut. Ich war nun seit fast vier Jahren mit der Ausbildung fertig und arbeitete gerne im Bürozentrum. Ja ich kam jeweils auch dann noch zur Arbeit, wenn ich mich nicht gut fühlte, wenn es regnete und Katzen hagelte. Einfach immer. Alex schätzte das. Inzwischen hatte ich nachts eine Atemmaske, über die mir Sauerstoff zugeführt wurde. Doch auch tagsüber ging mir das Atmen immer schwerer und durch die zunehmende Atemnot sanken meine Leistungen ab. Als ich dann das Atemgerät auch tagsüber hatte, ging es mir sofort sehr viel besser und meine Leistungskurve stieg deutlich nach oben.

Im November 2000 liess ich mich freistellen. Mit meinen zunehmenden Schmerzen war es mir nicht mehr möglich, länger als eine halbe Stunde am Computer zu sitzen, und so konnte ich mich nicht mehr motivieren, weiter zu arbeiten. Die Arbeit an diesem Buch war mir dann eine willkommene Tätigkeit, die ich mir zeitlich und kräftemässig selber einteilen konnte.

Manchmal denke ich darüber nach, was für einen Beruf ich wohl gewählt hätte, wenn ich nicht behindert wäre. Vielleicht Bus- oder Carchauffeur. Oder ich würde einen Lastwagen fahren. Genau wie mein Vater. Oder aber, wenn ich die Begabung und die entsprechende Förderung dafür bekommen hätte, wäre ich vielleicht Eishockeyspieler geworden. Träume kann man glücklicherweise auch haben, wenn man im Rollstuhl sitzt.

Marco 8-jährig:
Affinität zum Beruf des
Lastwagenchauffeurs

Wohnen

Umzug vom Marie-Tanner-Heim ins ‹Daheim›

Nach meiner Schulzeit blieb ich zuerst im Marie-Tanner-Heim, in dem ich, seit meine Behinderung stärker geworden war, im Internat lebte. Ich machte diese Ausbildung und wohnte weiterhin im Heim, weil ich von gar keiner anderen Möglichkeit gewusst hätte. Dann bekam ich Probleme mit Betreuern. Vielleicht zog es mich auch einfach fort, weil ich irgendwie noch etwas anderes erleben wollte. Andere Jugendliche, Nichtbehinderte, ziehen ja auch aus, wenn sie die Lehre beendet haben.

Ich wollte also weg vom MTH. Das erzählte ich einer Taxichauffeuse. Sie erzählte es weiter, und eines Tages kam ein Mann im Rollstuhl zu mir und zeigte mir Prospekte vom ‹Daheim›. Dieses kleine Heim sollte neu eröffnet werden. Er sagte, er ziehe ebenfalls dorthin. Im Nachhinein muss ich sagen: Ich bin voll auf den schönen Prospekt hereingefallen. Darin stand: «Sie können leben, wie Sie wollen, Sie können aufstehen und ins Bett gehen, wann Sie wollen, essen wann Sie wollen.» Eine Menge Versprechen. Vierundzwanzig-Stunden-Dienst, ärztliche Betreuung und so weiter. Das klang vielversprechend.

Im privaten Pflegeheim mit dem schönen Namen ‹Daheim› hatten sechs Bewohner Platz. Das Heim befindet sich in einem Block in zwei Wohnungen. Eine Heimleiterin, eine Krankenschwester, eine Gruppenleiterin und ein paar BetreuerInnen und

PraktikantInnen gehörten zum Personal und ein schwerbehinderter Tetraplegiker war Geschäftsführer.

Ich wollte einer von ihnen sein. So zog ich ein. Das war am ersten Februar 1997. Wir starteten mit vier Bewohnern. Das Heim wurde quasi mit uns eröffnet und es war kaum Geld vorhanden. Ich hatte zuerst ein kleines und mikriges Zimmer. Auch etwas dunkel. Und als erstes musste ich selber eine behindertengerechte Dusche einbauen lassen. Pro Infirmis bezahlte sie.

Zur Arbeit fuhr ich mit dem Behindertentaxi ins MTH, wo ich weiterhin im Bürozentrum arbeitete. Im ersten Jahr ging es noch einigermassen gut. So gegen 22 Uhr begannen sie jeweils, mich ins Bett zu bringen. Das war ich mir vom Marie-Tanner-Heim her so gewohnt. Am Anfang tat mir der Wechsel wirklich gut. Etwas Neues. Das zog mich aus einem Loch heraus, in dem ich mich befand. Man kam mir zu Beginn auch recht entgegen. Zu Beginn, muss ich betonen. Denn dann kamen immer mehr ungute Dinge dazu. Ich war insgesamt drei Jahre dort.

Nach etwa einem Jahr, ab dem Zeitpunkt, als eine Gruppenleiterin eingestellt wurde, begann es zu kippen, und etwa ein weiteres halbes Jahr später wurde es für mich unerträglich. Vorher war die Heimleiterin als Verantwortliche da gewesen. Wir waren zunächst ja nur vier Bewohner und eine Gruppenleiterin war nicht nötig gewesen. Nun war es vor allem diese Gruppenleiterin, die mir das Leben im ‹Daheim› schwer machte. Sie schimpfte oft vor den andern über mich in übelster Weise. Die andern zogen einfach mit. Sie ist Jugoslawin, spricht aber gut deutsch. Ausbildung als Pflegerin hat sie keine. Zuvor arbeitete sie zwei Jahre in einem Spital.

Die Heimleiterin selber war meines Wissens Pflegerin. Es gab nur eine ausgebildete Krankenschwester. Aber die war für mich die Schlimmste. Wenn ich sie bat, mir am Rollstuhlgurt oder bei der Lagerung etwas zu verändern, antwortete sie, das sei nicht nötig, ich würde nur ein Spiel machen mit den Betreuerinnen und Betreuern. Ich fragte manchmal: «Wisst ihr eigentlich, was eine Duchenne-Muskeldystrophie ist? Wisst ihr, was das heisst?» Ich hatte das Gefühl, sie haben keine Ahnung. Sie meinten, es mache mir Spass, die Leute zu schikanieren. Als ob sich einer eine solche Behinderung aussuchen würde, um Spass zu haben.

Das Personal war insgesamt schlecht ausgebildet. Vor allem am Anfang waren einige Leute durch eine Stelle für Arbeitslose vermittelt worden. Psychisch Kranke, die sonst keine Arbeit bekamen, arbeitslos waren, sollten uns betreuen. Da war zum Beispiel eine Frau, die war sehr gläubig und wollte uns immer Wasser von Lourdes andrehen. Und wenn einem vom Essen ein kleines Stücklein Fleisch auf die Kleidung und so später aufs Bett fiel, dann rief sie aus: «Euch sollte man Heu auf den Tisch tun!»

Man kocht in diesem Heim nicht selber. Zu Beginn gab es nur Fertigmahlzeiten. Später wurde das Essen von einem Restaurant geliefert. Es schmeckte miserabel. Die gaben uns wirklich den Abfall von dem, was ihre Gäste nicht aufgegessen hatten. Es kam vor, dass einer auf deutsch gesagt kotzen musste. Etwa ein halbes Jahr, bevor ich weg ging, wurde das Restaurant gewechselt. Dann wurde das Essen deutlich besser. Aber Probleme gab es für mich immer noch. In diesem Heim gibt es einen sogenannten Brunch bis etwa um elf Uhr morgens, und dann bis zum Nachtessen nichts mehr. Eigentlich Halbpension. Brunch ist zudem leicht übertrieben. Manchmal geht das Fleisch vergessen, manchmal gibt es keine Konfitüre. An Arbeitstagen kam ich meistens aus Zeitgründen gar nicht dazu, das Frühstück zu nehmen, weil sie mich einfach zu spät aufnahmen und ich dann zum Taxi eilen musste. Als ich reklamierte, sagte man mir: «Du musst halt auch mal vorwärts machen und nicht so herum bäbeln.» Sie meinten, ich trödle. Aber es soll mir mal jemand erklären, wie man – wenn man vollständig gelähmt ist – ohne Hilfe vorwärts machen soll. Ich bin ja zu hundert Prozent auf Hilfe angewiesen. Manchmal liefen sie während dem Pflegen davon, sagten, sie müssten jetzt irgendwo anders helfen. Wenn mich die Gruppenleiterin aufnahm, sagte sie zum Beispiel: «Du musst jetzt schnell warten, ich muss zuerst telefonieren.» Es war jeweils nicht so, dass jemand sie rief, sie solle zu Hilfe kommen oder das Telefon klingelte. Es kam ihr irgend etwas in den Sinn, und dann lief sie davon. Liess mich liegen. Mitten beim Pflegen. So hatte ich zwischendurch wieder zu warten. Ich kam jedesmal in Stress. Entweder ich kam zu spät, oder ich musste auf das Frühstück verzichten. Ich brauche ja, um aufgenommen zu werden, immer gleich lang. Insgesamt eine Stunde. Das könnte man berechnen. Anschliessend das Gesicht waschen, inhalieren und frühstücken. Dann wäre ich um halb elf Uhr bereit gewesen, wenn das Taxi kam. Aber oft hatten sie nicht einmal mehr Zeit, mir das Gesicht zu waschen oder mir beim Inhalieren zu helfen, geschweige denn, mir das Frühstück einzugeben. Wenn ich nicht zur Arbeit musste, gehörte das Weglaufen vom Pflegen zur Regel. An Arbeitstagen brachte mich das in einen rechten Stress. Ich konnte wählen: Entweder aufs Essen und einige Pflegeverrichtungen verzichten oder den Taxichauffeur eine Viertelstunde warten lassen. So entschied ich mich meistens, aufs Frühstück zu verzichten und als erste Mahlzeit das Mittagessen im MTH einzunehmen.

Ein weiteres Problem war das Nachtessen. Dieses wird im ‹Daheim› nämlich bereits um 17.15 Uhr serviert. Da wir drei bis vier Leute waren, die nicht selber essen konnten, denen also eingegeben werden musste, konnten wir nie gemeinsam essen. Das bedeutete, das einer nach dem andern an die Reihe kam, und weil ich von auswärts von der Arbeit heim kam, war ich immer als letzter dran. Manchmal, wenn auf der Strasse viel Verkehr war, wurde es gegen 18.30 Uhr, bis ich zu Hause war. Für den Abenddienst gibt es dann aber nur noch einen einzigen Betreuer bzw. eine einzige Betreuerin. Genau dann beginnt diejenige, die Dienst hat, den ersten Bewohner ins Bett zu bringen. Mein Essen wurde jeweils im Mikrowellenherd aufgewärmt. Manchmal sagte ich dann: «Geh ruhig und fange mit der Abendarbeit an. Ich möchte lieber nicht stressen, möchte zuerst ein wenig ans Atemgerät, bevor ich esse.» Dann brachte sie zuerst eine Frau ins Bett. Wir waren stets drei bis vier Schwerbehinderte. Die übrigen konnten weitgehend selber ins Bett gehen. Es konnte aber auch vorkommen, dass ich heimkam und der Abenddienst hatte bereits begonnen, diese Frau ins Bett zu tun. Dann hiess es: «Du musst jetzt warten. Ich komme dann.» Auch schon passierte es, dass ich mit Jacke und allem, was ich angezogen hatte, einfach eine halbe Stunde im Wohnzimmer warten musste.

Einmal kam ich heim und fragte die Gruppenleiterin: «Kannst du mich schnell ans Atemgerät anhängen?» Darauf antwortete sie: «Ich habe jetzt keine Zeit. Der Betreuer, der Dienst hat, ist oben.» Dann sagte ich: «Ich habe aber grausam Probleme mit atmen.» Sie erwiderte: «Wir haben auch unsere Probleme. Du musst jetzt warten.» Je nachdem wer da war und Dienst hatte, ging es. Wahrscheinlich dachten die einen: «Der braucht ohnehin immer so lange.» Möglich, dass ich auch mal einen Wunsch zu viel äusserte, einer der nicht so dringend gewesen wäre, aber insgesamt brauche ich einfach viel Pflege. Wollte ich abends einen Film anschauen, so musste ich den bestimmt unterbrechen, weil sie mich genau dann ins Bett bringen wollten. Wenn ich vor dem ins Bett gehen noch auf die Toilette musste, begannen sie schon um 21 Uhr. Das war hart für mich. Das scheint mir auch für Behinderte eindeutig zu früh.

Ich weiss, dass die Pflege mit mir viel Zeit braucht. Allein die Atemmaske aufsetzen für die Nacht braucht eine halbe Stunde. Dann wurde die Regel eingeführt, dass die Maske um eine bestimmte Zeit angezogen sein müsse. Genau um die Zeit, in welcher am Fernsehen Sportsendungen kommen. Es gab einzelne Betreuer, die sagten: «Ach wir kommen später.» Die Verantwortliche für den Abenddienst und die Nachtwache sind nur eine Stunde gemeinsam da. So kam es zu einer weiteren Regel: Ich musste die Maske anziehen, während beide noch da waren. Damit einer weggehen könnte, wenn andere Bewohner rufen würden. Man kann aber jederzeit weg von mir, auch wenn mich einer allein pflegt. Beim Aufsetzen der Maske dauert es etwa zehn bis zwanzig Sekunden, während denen ich keine Luft bekomme. In diesen zwanzig Sekunden würde wohl kaum ein Notfall passieren. Es war mir nicht logisch, dass dies der Grund sein sollte, dass ich so früh ins Bett musste. Ich hatte eher das Gefühl, dass der Nachtwache nicht so viel Arbeit überlassen werden durfte, da sie nur für vier Stunden bezahlt war. Es handelte sich um eine sogenannte Schlafwache, und deshalb sollte spätestens um Mitternacht Nachtruhe sein.

Am Anfang als ich im ‹Daheim› wohnte, war es kein Problem, wenn ich nachts rief. Später reklamierten die Leute, die Nachtdienst hatten, sie müssten besser bezahlt sein, wenn sie nachts so viel Arbeit hätten. Dann wurde bestimmt, dass ich nach Mitternacht nur noch zwei Mal rufen dürfe. Wenn ich noch ein drittes Mal rufen musste, wurde ich gescholten. Wenn mir aber ein Bein oder irgend etwas weh tut, das umgelagert werden muss, dann bin ich einfach darauf angewiesen, dass mir das jemand macht. Bei bestimmten Betreuerinnen konnte ich schreien und schreien. Vielleicht so nach einer halben Stunde kam jemand herein und fragte: «Hast du gerufen?» Gerufen ist gut. Geschrien hatte ich. Am Ende war es so, dass ich Nacht für Nacht schreien musste. Meistens kam überhaupt niemand mehr. Oder es kam jemand, um mir zu sagen, er oder sie sei jetzt an einem andern Ort an der Arbeit und könne nicht kommen.

In der letzten Zeit die ich im ‹Daheim› wohnte, ärgerte ich mich unablässig über meinen Zimmernachbarn, den Tetraplegiker und Geschäftsführer. Er ist der Buchhalter des Heimes. Bei jeder Besprechung mit der Heimleitung oder mit Betreuerinnen, also wenn es darum ging, was bei mir geschehen sollte, war der mit dabei. Er hat Geld in dieses Heim investiert. Deshalb wurde er stets anders behandelt. Bekam er Vorzüge. Er konnte, wenn er wollte, nachts um zwei Uhr ins Bett. Oder nachmittags um 15 Uhr aufstehen. Er durfte essen, wann er wollte. Wenn er rief, liess man alles liegen und ging zu ihm. Auch wenn man gerade daran war, mich zu pflegen. Das machte mich steinswütend. Ich kann ihm natürlich nichts vorwerfen. Es war ja sein Recht, zu bekommen, was man ihm gab. Aber die unterschiedliche Behandlung weckte in mir ungute Gefühle gegen ihn, womit ich ihm vielleicht Unrecht tat. Ich erinnerte mich einfach an all die Versprechungen im Prospekt, die bei ihm gehalten wurden, bei mir aber nicht.

Der Hauptgrund, warum ich Ende 1999 wieder zurück ins Marie-Tanner-Heim wollte, ist der, dass ich nachts warten musste. Jede Nacht dieses Theater. Die Krankenschwestern wechselten oft. Die letzte war eine von denen, die immer besser wissen, was einer braucht. Dann wurde ich auch bei ihr zornig. Eine der

Krankenschwestern meldete sich, wenn sie Nachtwache hatte, lediglich zu Beginn ihres Dienstes. Dann sah ich sie die ganze Nacht nicht mehr. Da half kein Schreien und kein Rufen. Einmal liess sie mich die ganze Nacht schreien. Am andern Morgen war ich völlig entkräftet. Dann wurde ich zusätzlich gescholten, ich hätte das ganze Haus aufgeweckt. Ich rufe aber nicht aus Spass, denn ich würde viel lieber schlafen. Mit der Zeit wurde ich laut und unfreundlich und wählte auch nicht mehr die schönsten Worte. Wenn man aber so ausgeliefert ist, hat man keine andere Waffe mehr. Ich reagierte aus Verzweiflung. Kein Erklären nützte. Man sagte zu mir: «Du brauchst gar nicht unbedingt jemanden, wenn du nachts rufst. Du willst uns nur schikanieren.» Die Wahrheit ist, dass dann, wenn ich umgelagert werden muss, ich manchmal nicht auf Anhieb weiss, wie welches Bein, welcher Arm gelagert werden soll. Es ist jeweils ein regelrechtes Ausprobieren.

Ich stelle mir vor, dass auch Nichtbehinderte nicht immer auf Anhieb gut liegen, wenn sie ins Bett gehen. Dass auch sie sich manchmal umlagern. Bloss können die das dann selber tun und brauchen niemanden dazu. Es legt sich doch keiner ins Bett und bleibt die ganze Nacht hindurch unbeweglich. Wenn du für jede Bewegung jemanden brauchst, hast du gar keine andere Wahl als die des Ausprobierens. Auch mit der Maske des Atemgerätes. Das ist manchmal wirklich ein Pröbeln.

Wir hatten einmal eine Krankenschwester, die als Aushilfe kam. Sie war, wie etwa sechzig Prozent aller Mitarbeiter im ‹Daheim›, Jugoslawin. Ich war mir nicht einmal sicher, ob sie als Krankenschwester ausgebildet war. Niemand zeigte ihr, wie das mit der Atemmaske gemacht wird. Man liess sie einfach allein mit mir. Ich sagte zu ihr, dass es nicht gehe, wenn es ihr niemand zeige. Ich verweigerte mich und wollte sie nicht an mich heran lassen. Ich bat sie, die Heimleiterin anzurufen. Dann rief sie sie an und die Leiterin versprach, jemanden zu schicken. Aber es fiel ihr nichts besseres ein, als mir einen Notfallarzt zu schicken. Der sollte schauen, was los war. Der kam und ich sagte zu ihm: «Ich brauche keinen Arzt. Ich brauche jemanden, der weiss, wie mir die Atemmaske aufgesetzt werden muss.»

Am andern Tag kam diese Krankenschwester zusammen mit einer Betreuerin, mit der ich es recht gut hatte. Nun ist es so, dass man mir, wenn das Gerät weg ist, während ein paar Sekunden auf die Brust pressen muss. Als die Betreuerin mir wie gewohnt auf die Brust drückte, wollte die Krankenschwester sie davon abhalten. Dazu erklärte sie: «Der Arzt hat gesagt, er habe keine Atemprobleme, also muss man auch nicht auf die Brust drücken.» Das gab ein Hin und Her und schliesslich wurde der Arzt nochmals angerufen. Der sagte dann aber, er hätte nie gesagt, ich hätte keine Atemprobleme, sondern keine solche, die jetzt einen Arzt nötig gemacht hätten. Die Arztrechnung wurde von der Heimleitung zu mir geschickt. Ich schickte sie wieder zurück. Ich bezahle doch nicht eine Arztrechnung, wenn ich keinen Arzt gerufen habe. Darauf hin schlief meine Mutter ein paar Nächte bei mir. So konnte ich mich von der nächtlichen Erschöpfung ein wenig erholen.

Gegen Ende meines Aufenthaltes im ‹Daheim› kam wieder einmal eine Nachtwache, die vorher als Putzfrau im Heim angestellt gewesen war. Das ist auch so etwas eigenartiges: Zuerst stellen sie die Leute eine Zeit lang als Putzpersonal ein, bis sie ein wenig deutsch gelernt haben. Dann schicken sie sie zu den Behinderten, obwohl sie pflegerisch weder eine Ausbildung noch irgendwelche Erfahrung haben. Dann sagte die eines Nachts, sie gehe jetzt hinauf ins Nachtwachzimmer. Sie nähme jedoch das Babyphon, das als Gegensprechanlage eine Verbindung schaffen sollte, nicht mit. Es störe die andern, wenn ich nachts immer schreie und rufe. Zuerst versuchte ich, ihr in Ruhe zu erklären, dass sie es hinauf nehmen müsse. Dann lief sie einfach hinaus und sagte: «Jaja, schlaf jetzt!» Schliesslich schimpfte ich in meiner Hilflosigkeit laut hinter ihr nach. Am nächsten Tag erzählte ich es der Leiterin. Sie war dann auch ein wenig empört über diese Nachtwache. Als sie diese zur Rede stellte, bekam sie zur Antwort, sie sei gegangen, weil ich sie gescholten hätte. Aber es war umgekehrt gewesen. Ich schimpfte, weil sie nicht begreifen wollte, was mein Anliegen war.

Eines Morgens hatte ich Durchfall und musste einige Male auf die Toilette gebracht werden. Die Betreuerin hätte um elf Uhr frei gehabt, wurde bis zu diesem Zeitpunkt mit der Arbeit bei mir aber nicht fertig. Ich lag wieder auf dem Bett. Da hob sie mich schon gar nicht mehr auf den Rollstuhl. Nun kam ihre Nachfolgerin für die nächste Schicht, eine Pflegerin, die noch nie bei mir gewesen war. Diese sagte, sie sei heute nur für das Putzen eingeteilt, sie müsse deshalb zuerst das Haus fertig putzen, bevor sie mich in den Stuhl setzen könne. So musste ich bis am Nachmittag im Bett bleiben.

Vom Moment an als ich wusste, dass ich zurück ins Marie-Tanner-Heim konnte, ging es mir moralisch wieder besser, aber die letzten drei Wochen im ‹Daheim› hatte ich das Gefühl, sie würden mich noch zusätzlich ein wenig plagen. Ständig wurden wieder neue Regeln aufgestellt. So hiess es zum Beispiel plötzlich, ich dürfe abends nach neunzehn Uhr nichts mehr trinken, weil nachts zu viele Behinderte die Urinflasche benötigen würden. Die Betreuerin, die mir eben das Nachtessssen geben wollte, sagte zu mir: «Du kannst *jetzt* trinken.» Nein! Das habe ich einfach nicht eingehalten. Ich muss dann trinken, wenn ich Durst spüre. Ich wurde regelrecht wütend, begann mit der Betreuerin zu streiten. Sagte ihr, ich wolle die Heimleiterin fragen, ob diese Regel wirklich von ihr komme. Dann sagte sie: «Gut! Komm, die Heimleiterin ist gerade in der Nähe.» Ich wurde noch wütender und fragte: «Was glaubt ihr denn eigentlich, wie ihr mit mir umgehen könnt?» Sie ging dann tatsächlich zur Heimleiterin, aber das einzige was sie dieser erzählte, war, ich hätte geschimpft. Dann kam sie zu mir zurück. Ich wartete immer noch auf mein Essen und fragte: «Was ist jetzt? Bekomme ich jetzt mein Essen?» Dann kam die Heimleiterin und sagte zu mir in erzieherischem Ton: «Schau, wenn man nicht anständig sein kann mit den Betreuern, dann muss man auch nicht erwarten, dass, also, dann musst du nicht erwarten, dass sie dir jetzt das Essen eingibt.» So bekam ich zur Demütigung auch wieder einmal mehr meine Hilflosigkeit zu spüren. Die Betreuerin machte schliesslich zuerst noch eine andere Arbeit, liess mich eine weitere halbe Stunde am Tisch hocken. Mein Essen war sowieso immer kalt, weil ich immer als Letzter an die Reihe kam.

Wir konnten ja, wie erwähnt, leider nie zusammen essen, sondern stets nur nacheinander, weil meistens eine einzige Betreuerin allen Schwerbehinderten eingeben musste. Es war selten, dass für diese Aufgabe mehr als eine Hilfe zur Verfügung stand. Dass ich zuletzt an die Reihe kam, konnte ich verstehen, weil ich am längsten Zeit brauche. Aber immer der Letzte zu sein ist kein gutes Gefühl. Und da ich nur noch Haut und Knochen bin, muss ich einfach möglichst viel essen. Das braucht seine Zeit. Kommt dazu, dass das im Mikrowellenherd gewärmte Essen meinen Appetit auch nicht eben anregte. In diesem Moment war ich also total auf meine Hilflosigkeit zurück geworfen. Es blieb mir, so lange ich im ‹Daheim› wohnte, nichts anderes übrig, als all das zu schlucken, und zwar im wahrsten Sinn des Wortes.

Das Schlimmste für mich war die Angst. Wahnsinnige Angst. Wenn mich diese ungeheure Angst überkam, weil alles Rufen nichts nützte, dann lag ich einfach wach auf meinem Bett, rief immer wieder und wartete. Das war schlimm. Und wenn lange niemand kam, dann weinte ich. Die drittletzte Nacht kam gar niemand mehr. Ich rief. Eine Klingel zum Läuten hatte ich nicht. Eine gewöhnliche Klingel bedienen, dafür fehlt mir die Muskelkraft. Deshalb gab es diese Babyphons. Mir wäre eine meiner Behinderung angepasste Glocke lieber gewesen. Es gibt solche. Aber man sagte mir, das müsse ich selber organisieren. So blieb mir das Babyphon und mein Rufen. Und nun in dieser erwähnten Nacht hätte ich dringend die Urinflasche benötigt. Keiner kam. Ich rief. Schrie. Weinte. Bat, es möge jemand kommen. Dann konnte ich das Wasser nicht mehr halten und nässte ein. Obwohl ich fast die ganze Nacht hindurch geschrien hatte, war niemand gekommen. Drei Stunden lang lag ich im nassen Bett. Gegen morgen kam die Nachtwache. Sie wollte mich aber nicht mehr trocken legen, sagte, es sei zu kompliziert, jetzt alles zu wechseln. So legte sie mir ein Tuch ins Bett. Das war etwa um vier Uhr morgens. So lag ich bis am Morgen in der Nässe, weil diese durch das Tuch hindurch drang. Erst beim Aufnehmen in den Rollstuhl wurde alles gewechselt. Da gab es nun zwei Aspekte für mich: Der eine ist das unangenehme Liegen in der Nässe. Der andere ist die Peinlichkeit, die für mich eine regelrechte Demütigung war. Ich hätte ja das Bett nicht eingenässt, wenn ich rechtzeitig die Urinflasche bekommen hätte. Das Gefühl, zum hilflosen kleinen Kind gemacht zu werden, ist schwer zu ertragen.

In diesem privaten ‹Daheim› konnte ich also nicht so leben, wie man mir versprochen hatte, nicht so, wie ich wollte. Ich war eingeengt. Fühlte mich unverstanden und zeitweise manipuliert. Meine Lebensgeister sanken fast auf den Nullpunkt und kamen erst mit meinem Umzug ins MTH wieder zurück. Das Umfeld muss einfach stimmen. Wenn dieses nicht stimmt, kann es auch mit der Pflege und der Betreuung nicht klappen.

Noch bevor ich mich entschlossen hatte, aus dem ‹Daheim› wieder wegzugehen, wollte ich mit der Heimleiterin zusammen sitzen. Ich wollte über all die anstehenden Probleme reden. Aber sie nahm sich nie Zeit und ging auf diesen Wunsch nicht ein. Dann, plötzlich, ohne Vorankündigung, gab es doch eine Sitzung. In der Küche. Dort sassen alle zusammen, die Heimleiterin, die Gruppenleiterin, der behinderte Geschäftsführer. Es wurde keine gleichberechtigte Sitzung, bei der alle ihre Probleme auf den Tisch legen konnten. Es war eine einzige Schelte für mich. Der Geschäftsführer sagte, ich müsse etwas ändern an mir, ich laufe sonst in eine Sackgasse hinein. Aber es sagte mir niemand, was ich ändern müsste.

Insgesamt gab es dann im Abstand von einem halben Jahr noch zwei weitere solche Sitzungen. Ich wollte aber eine Zusammen- kunft, bei der ich nicht allein da sass wie vor einem Gericht. Ich wollte mich einbringen können. Ein Jahr vor meinem Wegzug brachte ich es endlich fertig, dass eine Sozialarbeiterin von Pro Infirmis, mein Arzt, der schon im Marie-Tanner-Heim mein Haus- arzt gewesen war und meine Mutter an einer Sitzung mit dabei sein konnten. Vom ‹Daheim› nahmen die Heimleiterin, zwei Pfleger und der Geschäftsführer teil. Ich formulierte meine Probleme, der Arzt unterstützte mich, sagte auch, dass es nicht angehen würde, dass ich nachts warten müsse. Aber man ging nicht darauf ein. Die

Sozialarbeiterin, welche die Sitzung auf meinen Wunsch hin einberufen hatte und sie auch leiten wollte, kam gar nicht zu Wort, weil vor allem die Heimleiterin redete. So veränderte auch dieses Treffen nichts an meiner schwierigen Situation. Vielleicht ging es während etwa zwei Monaten ein klein wenig besser. Dann war alles wieder beim Alten.

Ende Dezember 1999 war es endlich soweit: Ich konnte ins Marie-Tanner-Heim zurück kehren. Jetzt war der Umzugstag da.

Der Abschied von den Betreuerinnen war mehr als merkwürdig. Jemand hätte noch ein paar Dinge einpacken müssen. Die Betreuerin, die gerade Dienst hatte, warf alles in eine Plastiktasche. Ich wartete aufs Taxi, das mich ins MTH bringen sollte. Dann kam die Heimleiterin und sagte, meine Mutter sei im Verzug mit dem Bezahlen von Rechnungen. In diesem Moment, in welchem ich zwischen meinen Sachen auf das Taxi wartete, kam sie mit dieser Geldangelegenheit. Meine Mutter hatte mit Sicherheit alle Rechnungen bezahlt. Dann sagte die Frau weiter, sie sei sich am überlegen, ob sie als Gegenwert meinen Fernseher und meinen Computer behalten soll. Ich wehrte mich, sagte, das sei nicht zulässig.

Trotz allem wollte ich den Abschied gut vollziehen. Immerhin hatte ich hier drei Jahre gewohnt. Als ich mich aber verabschieden wollte, sassen alle in der Küche und hatten die Tür zu gemacht, und als der Taxichauffeur klingelte, sagte mir nur die Heimleiterin adieu. Nein, ich trauere dem ‹Daheim› wirklich nicht nach. Dani, der mich letztes Jahr ins Lager begleitete und der mir als Betreuer im ‹Daheim› viel gab, wirklich mein bester und einfühlsamster Betreuer aus dieser Zeit, den muss ich zum Glück nicht vermissen. Er betreut mich im MTH weiter, indem er abends regelmässig kommt, um mich ins Bett zu bringen.

Auch was die Finanzen anbelangt, ist etwas noch erwähnenswert: Im ‹Daheim› war ich zu Beginn in Pflegestufe drei eingeteilt gewesen, was immer das heissen mag. Da bezahlte ich monatlich 6'500 Franken. Dann sagte man mir, Pflegestufe drei, das beinhalte für mich zu wenig Stunden Pflege, man setze mich deshalb auf Pflegestufe vier. Diese beinhaltet Pflege rund um die Uhr. Dafür bezahlte ich monatlich 7'800 Franken, obwohl ich während der Woche mittags im Bürozentrum ass. Im Marie-Tanner-Heim muss ich jetzt für Vollpension 6'600 Franken bezahlen. Und wenn ich nachts rufe, kommt auch wirklich jemand, und wenn ich die Urinflasche benötige, bekomme ich diese.

Wieder zurück im Marie-Tanner-Heim

Es ist gut, wieder hier zu sein. Auch meiner Kollegen wegen. Dass ich wieder drei Mahlzeiten habe, dass ich nicht warten muss, nicht stehen gelassen werde, bis mir eingegeben wird, ist ein gutes Gefühl. Den Sylvester, den Wechsel ins Jahr 2000, verbrachte ich im Wohnheim. Rolf hat ein unglaublich feines Essen vorbereitet. Ich hatte schon lange nicht mehr so viel Esswaren aufs Mal gesehen. So eine Fülle. Hier kann man zu jeder Tageszeit essen. Kürzlich kam ich später nach Hause. Mit grösster Selbstverständlichkeit wurde mir noch etwas gegeben. Es war ein guter Entscheid, zurück ins MTH zu kommen. Innerlich ist seit meinem Umzug viel Druck weg. Eine riesig grosse Last ist mir abgenommen.

Zu Beginn fühlte es sich an, als müsste ich aus einem Alptraum erwachen. Das brauchte seine Zeit. Noch heute kommt es mir vor, als müsste ich das Erlebte verarbeiten. Von Manuela, die ein Jahr vor mir aus dem ‹Daheim› wegging, wo sie als Pflegerin gearbeitet hatte, erfuhr ich im Nachhinein noch unglaubliche Dinge. Sie erzählte, dass die Heimleiterin und die Gruppenleiterin jeweils hinter meiner Tür gehorcht hätten, was ich mit den Betreuerinnen redete. Wenn mein Freund Jan bei mir zu Besuch gewesen sei, hätten die beiden jeweils zwischen den Lücken der Jalousie herein gespäht. Das ist eine Verletzung der Intimsphäre. Wahnsinnig, wenn ich daran denke.

Ich habe in letzter Zeit sehr viel Schmerzen. Vor allem im Gesäss. Da könnte ich manchmal die Wände hinauf gehen. Es gäbe die Möglichkeit, mich über Mittag ein wenig hinzulegen. Das würde das Gesäss entlasten. Aber es scheint mir zu mühsam. Es dauert so lange, bis ich gelagert und dann wieder im Rollstuhl bin. Auch würde mich das nur kurz entlasten. Sobald ich wieder im Rollstuhl bin, auch nur eine Viertelstunde sitze, beginnen die Schmerzen erneut. Leider ist es auch so, dass ich Angst vor allem Neuem habe. Und ich hatte im ‹Daheim› zum Teil verlernt, etwas zu fordern. Ich traue mich heute weniger als früher, aus Angst, man könnte meinen, ich mache ein Spiel.

Angst vor Neuem, das gehört zu mir. Ich bin ein rechtes Gewohnheitstier. Ich behalte Dinge, die ich gewohnt bin auch dann, wenn es an sich etwas besseres gäbe. Was den Versuch anbelangt, etwas Neues zu versuchen, bin ich ein Pessimist.

Kürzlich musste ich einen neuen Rollstuhlsitz ausprobieren. Er fühlte sich zum Sitzen anders an. Der Gurt sass anders. Ich hatte den Mut nicht, etwas zu ändern. Meine Angst vor dem Ausprobieren hat natürlich auch einen Einfluss auf die Betreuer, die erstens oft meinen, sie wüssten besser, was für mich gut sei, und die zweitens mit Recht sauer werden, wenn ich ängstlich oder gehässig reagiere. Ich versuche mich dann jeweils zu erklären. Manchmal haben die Betreuer wohl recht. Ich erkläre zum Beispiel, wie ich es haben möchte. Die einen sagen dann, das sei zu kompliziert oder es würde zu lange dauern. Man könnte das auch kürzer und unkomplizierter haben. Es stimmt, es gäbe sicher oft einfachere Wege, aber es hat auch etwas mit Selbstbestimmung zu tun.

Meine Angst vor Neuem ist so gross, dass ich mich für Veränderungen am liebsten ins Koma versetzen liesse. Dann könnten die Betreuer ausprobieren, und wenn es dann klappen würde, könnte man mich zurückholen. Erwachen, und die Lösung wäre da. Aber das geht eben nicht, deshalb gehört das zu mir, dass ich jeden Schritt sagen können will, sonst -, es ist nicht Misstrauen gegenüber den Pflegenden, es ist vielleicht so etwas wie ein wenig eigene Macht zu haben über seinen Körper. Es hat, wie gesagt, mit Selbstbestimmung zu tun. Es spielt eine grosse Rolle, wer dich anfasst. Manche Betreuerinnen haben sanfte Hände. Manche trauen sich eher, anzupacken. Manchmal denke ich selber, dass ich ein wenig übertreibe. Ich bin ein Perfektionist.

Kürzlich hatte ich einen Streit mit einer Betreuerin. Das Aufnehmen und in den Rollstuhl setzen ging zwar gut. Doch dann bat ich sie, den Rollstuhlgurt fester anzuziehen. Den muss man wirklich immer sehr fest anziehen. Sie sagte dann, sie könne nicht fester anziehen. Ich bat sie, einen Betreuer zu holen, doch sie antwortete: «Lassen wir es jetzt doch im Moment so und machen wir zuerst den Rest, und dann kannst du selber einen Betreuer suchen, der dir den Gurt fester anzieht. Und überhaupt ist es ja gar nicht gesund, den Bauch so einzuschnüren.» Ich antwortete: «Ich möchte aber den Gurt jetzt fest anziehen, damit ich weiss, wie ich sitze, und dann können wir weiter machen.» Das wollte sie nicht. Ich weiss, dass ich in solchen Momenten sehr stur sein kann. Ich hockte dann vorne im Wohnzimmer und rief aus: «Ich verstehe das nicht, man kann das jetzt doch zuerst machen, dann ist es gemacht und dann kann man den Ablauf normal weiter machen.» Obwohl ihr Vorschlag doch auch nicht so schlecht war, musste ich irgendwie darauf beharren, dass meine Schritte eingehalten würden. Macht der Gewohnheit und Angst vor allem, was nicht gewohnheitsgemäss gemacht wird. Es klingt vielleicht etwas zwanghaft, aber meine Sturheit kommt auch aus der Überzeugung heraus, dass ich schon weiss, wie es für mich am besten ist. Sie blieb dann auch stur, wohl deshalb, weil sie niemanden holen wollte, also weil sie die Aufgabe selber zu Ende führen wollte. Am Ende ging es nur noch darum, wer Recht hatte. Aber es ist mein Körper.

Wenn ich jeweils ausrufe wie ein Rohrspatz, bereue ich das manchmal im nachhinein. Manchmal entschuldige ich mich, vor allem dem Frieden zu liebe. Ich weiss ja nicht, ob ich mich wirklich auch genügend in die Betreuerinnen und Betreuer einfühlen kann. Kürzlich wollte Wolfgang zum Beispiel, dass meine Lagerung professioneller aussehe. Er sagte, es sehe nicht professionell aus, wenn ich so viele Kissen benötige. Nicht bequemer wollte er es machen, sondern professioneller. Ich antwortete: «Schau, so wie ich jetzt gelagert bin, ist es saubequem. Und es dauert nur fünf Minuten, bis diese Kissen alle am richtigen Ort sind. Das ist doch nichts. Warum sollte das jetzt geändert werden?» Er hatte für meine Argumente keine Einsicht. So ist das Problem wohl oft, dass wir uns gegenseitig nicht genügend in den andern einfühlen können.

Nun, seit dem Herbst 2000 hat sich für mich Vieles verbessert. Ich konnte mich dann doch überwinden, einen neuen Sitz und einen neuen Gurt auszuprobieren. Mit Erfolg. Dadurch hat sich der Pflegeaufwand bei mir etwas vermindert. Zum Aufstehen benötige ich jetzt lediglich noch knapp eine Stunde. In der Zwischenzeit sind die Betreuer und ich ein richtiges Team geworden, ja ich glaube, ich darf sagen, dass die Betreuer inzwischen gerne mit mir arbeiten.

Angst ist aber bis heute meine ständige Begleiterin. Es kann vorkommen, dass ich nachts aufwache und das Gefühl habe, ich bekomme zu wenig Luft. Da kommt natürlich die Angst vor dem Sterben dazu. Dann gerate ich völlig in Panik und rufe meistens der Nachtwache, sage: «Da stimmt etwas nicht!» Die Nachtwache sagt dann beruhigend: «Warum? Es ist doch alles gut?» Manchmal genügt das bereits, dass es mir wieder besser geht. Das Thema Sterben ist für mich ein schwieriges Thema und bei schwierigen Themen versuche ich mich abzulenken. Ich brauche dann irgend etwas, wahrscheinlich einfach, dass jemand kommt. Die so Gerufenen meinen vielleicht, ich mögle. Aber ich tue dies wirklich nicht absichtlich.

Seit drei Jahren gehe ich in eine Gesprächstherapie. Ich bespreche dort mit der Therapeutin, was gerade ansteht. Ich will meine Mutter nicht überbelasten mit dem, was mich beschäftigt. Sie hat selber genug zu tragen. Es ist deshalb gut, die Therapeutin regelmässig aufzusuchen. Meiner Mutter ging es in letzter Zeit auch nicht so gut. Es belastet mich, wenn es ihr nicht gut geht. Wir können einander nicht leiden sehen. Wenn ich nicht am Atemgerät bin, wird sie nervös. Sie hat Angst, ich könnte ersticken. Wenn sie beginnt, wegen mir nervös zu werden, sage ich manchmal fast ärgerlich zu ihr, sie soll sich ein wenig zusammennehmen.

Abgesehen von ihrer Angst für mich hat meine Mutter eine Menge starker Seiten: Sie ist sehr verständnisvoll, geduldig, sie vermittelt Wärme und Geborgenheit. Man kann mit ihr auch Spass machen. Sogar dann, wenn es ihr nicht so gut geht, sagt sie jeweils: «Humor ist's, wenn man trotzdem lacht.» Sie ist im Prinzip ein Mensch, der nicht aufgibt. Sie kommt auch immer wieder aus ihren Tiefs heraus. Sie hat ja ein Herzleiden, hat ein zu grosses Herz. Weshalb, ist nicht bekannt, aber sie muss Medikamente nehmen. Sie hat wohl einfach im wahrsten Sinne des Wortes ein ‹zu grosses Herz›. Seelisch meine ich. Das kommt mir immer wieder zu gut. Und dann, ja dann hat sie wohl auch einfach Angst vor einem Abschied. Genau wie ich.

Freundschaft

Freundschaften sind ein wichtiger Teil in meinem Leben. Hier möchte ich über meine schönsten Freundschaften erzählen. Eine ‹herzige› Freundschaft hatte ich über viele Jahre mit Nuno. Er kam aus Portugal. Als er anfangs der Neunziger-Jahre mit seinen jungen elf Jahren ins MTH kam, konnte er noch kein Wort Deutsch. Ich war damals sechzehn. Sobald wir uns verständigen konnten und er seine Scheu überwunden hatte, freundeten wir uns an. Ich verbrachte viel Freizeit mit ihm und wurde so für ihn wie ein grosser Bruder, der sich um ihn kümmert. Ich spielte mit ihm Hockey, ging mit ihm in die Stadt oder ins Kino. Manchmal half ich ihm auch bei den Schulaufgaben oder ich hörte ihm beim Lesen üben zu. Er war sehr stolz, wenn er etwas lesen konnte und zudem verstand, was er gelesen hatte. Das kam wahrscheinlich daher, dass er in Portugal nie eine richtige Schule besuchen konnte und deshalb schulisch ein wenig zurück geblieben war. Da er noch um einiges jünger war als ich, musste er früher zu Bett. Dann rollte ich zu ihm ins Zimmer, wir plauderten und hörten zusammen Musik. 1996 zogen er und seine Familie zurück nach Portugal. Ein- oder zweimal schickte ich ihm eine Kassette, auf die ich ihm eine Botschaft gesprochen hatte. Ein Jahr später kam die Familie wieder in die Schweiz, weil Nuno sich in Portugal nicht mehr wohl gefühlt hatte. Seine Eltern erzählten, Nuno habe oft nach mir gefragt. Darüber war ich stolz. Doch dann versandete unsere Freundschaft langsam. Das hing damit zusammen, dass Nuno nicht mehr im MTH lebte und wir uns selten sahen. Seit mehr als einem Jahr habe ich nichts mehr von ihm gehört. Manchmal mache ich mir Sorgen, frage mich, wie es ihm wohl geht. Ich weiss nicht einmal, ob er noch in der Schweiz lebt.

Die schönste und spannendste Freundschaft erlebte ich mit Jan. Weil Jan acht Jahre jünger war als ich, sah ich in ihm auch einen jüngeren Bruder. Die Freundschaft war für uns beide eine besondere. Ich verwöhnte ihn mit Dingen, die er sonst nicht haben konnte, sei es, so viel Schokolade essen, wie er wollte oder Videofilme anschauen, die eigentlich noch nicht für sein Alter bestimmt waren. Es war für mich selbstverständlich, ihn einzuladen, wenn wir ins Kino gingen oder auswärts assen. Ich holte ihn jeweils vom Schulzimmer ab oder nahm mir zur gleichen Zeit einen freien Moment, wie er in der Schule Pause hatte. Da ich bereits Angestellter im Bürozentrum war, konnte ich mir die Zeit selber einteilen.

Wir mochten es, wenn etwas los war und so machten wir oft die Stadt mit unseren Ausflügen in den Elektrorollstühlen unsicher. Seine liebsten Ziele waren der Katzensee oder der Hauptbahnhof. Höhepunkt war auch immer die jährliche Streetparade rund ums Seebecken.

Als ich noch im ‹Daheim› wohnte, war Jan der einzige, der mich praktisch jede Woche besuchte. In der schweren Zeit, die ich dort erlebte, war er für mich ein wichtiger Mutmacher. Manchmal hatte ich sogar das Gefühl, diese Freundschaft sei noch mein einziger Lebenssinn.

Ein grosses Problem war, dass meine Behinderung schlimmer wurde und ich mit ihm nicht mehr allein auf Unternehmungstour gehen konnte. Wenn wir es dennoch einmal wagten, war er mir immer eine grosse Hilfe. Im Restaurant hob er mir das Glas zum Mund oder half mir beim Essen. Ein wunderbares Erlebnis war eine Reise nach Holland.

Am achten November 2000 brach diese Freundschaft abrupt ab. Jan starb während einer Rückenoperation. Ich hatte meinen besten Freund verloren. Über diesen schlimmen Tag werde ich im Kapitel Sterben und Tod noch berichten.

Ein weiterer wichtiger Freund ist für mich Reto. Ihn kenne ich seit fünf Jahren. Er kam damals als «Neuling» ins MTH. Zunächst waren wir lediglich Hockey-Kollegen, doch weil Reto oft mit Jan zusammen war, freundeten wir uns an. Am Anfang harzte es allerdings mit unserer Freundschaft. Ich wäre gerne öfter mit ihm zusammen gewesen, hätte gerne mit ihm etwas unternommen, doch war dieses Interesse eher einseitig. In einem Sommerlager änderte sich die Situation langsam. Reto entdeckte, dass wir zusammen gut über Probleme sprechen konnten. Seit ich wieder im MTH wohne und Reto mein Zimmernachbar ist, werden wir von Monat zu Monat bessere Freunde. In der Gruppe sind wir wohl die zwei, welche Leben in die «Bude» bringen und dafür sorgen, dass etwas läuft. Dadurch haben wir nun eine weitere Verbindung zueinander. Es ist eigenartig, seit Jan gestorben ist, sind wir uns näher gekommen. Das liegt wahrscheinlich daran, dass Jan sowohl von ihm als auch von mir der beste Freund war. So hat Jan unsere Freundschaft gekittet.

Auch mit Jans Clique verstehe ich mich besser als früher. Zur Clique gehören auch Reto und Dennis. Und dann sind da noch die beiden hübschen Mädchen Valentina und Veronica. Allerdings bin ich vorsichtig. Ich will mich nicht verlieben. Hüte mich vor innerem Schmerz.

Zu meinen Freunden zählen auch Nichtbehinderte, so auch Dani und Fredy. Die beiden bringen mich nicht nur ins Bett, sondern unternehmen auch Aktivitäten mit mir. Fredy hilft mir immer wieder mit dem Computer oder geht mit mir einkaufen.

Dani betreute mich in verschiedenen Sommerlagern der Gesellschaft für Muskelkranke. Leider hat Dani wegen seines Studiums wenig Zeit. Wenn es dann aber mal klappt, spielen wir Schach, gehen ins Kino oder spazieren am See. Dani begleitete Jan und mich auf unserer Hollandreise.

Ja diese Hollandreise. Jan und ich organisierten sie im Jahre 1998 völlig selbständig. Pro Infirmis unterstützte uns mit einem Zustupf. Wir mieteten einen Bus, mit dem wir eine Rundreise durch dieses Land machten. Dabei übernachteten wir an vier verschiedenen Orten. Während diesen zehn Tagen wurden wir von Dani und seiner Freundin Marlies betreut. Für mich war es das grösste Erlebnis, dass ich dank der Hilfe von Dani und Marlies mit Jan allein nach Amsterdam reisen konnte.

Und dann Markus. Auch er ist, wie ich, Fan des ZSC, also des Zürcher Schlittschuhclubs. Auch er gehört zu meinem Freundeskreis. Mit ihm zusammen besuche ich fast jedes Heimspiel des Clubs. Manchmal unternehmen wir auch etwas mit seinen Eltern. Er ist immer für einen Scherz zu haben. Auch er ist ein Freund von Reto und so machen wir manchmal auch etwas zu dritt.

Und schliesslich ist da noch Dominik, der ebenfalls oft mit mir zusammen ist. Er hilft mir beim Bedienen meines Computers oder wir sprechen zusammen über Gott und die Welt. Manchmal plaudert er so viel, dass er fast nicht zu stoppen ist. Vor allem wenn er sich wieder einmal verliebt hat. Bei den Mädchen ist er eher etwas scheu und geniesst es, wenn ich ihn etwas unterstütze.

Marco im SGMK-Jugendlager
in Magliaso TI, 1995

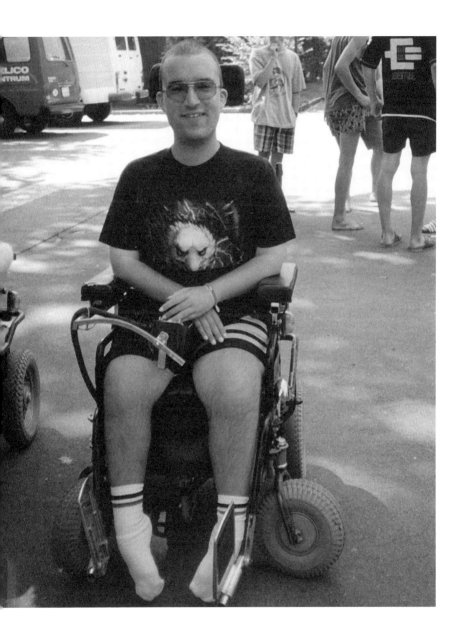

Rollstuhl- und Eishockey

Wie bereits erwähnt, das Hockey bedeutet mir viel. Es ist sozusagen mein Leben. Das begann in den Jahren 1988/89. Ralph führte es im MTH ein. Er brachte ein paar Hockeystöcke mit und wir probierten, was damit möglich sei. Dann spielten wir immer häufiger, merkten, dass dies der eigentliche Sport für Elektro-Rollstuhlfahrer ist. Zu Beginn war es einfach Plausch. Zwei einander gegenüberliegende Plätze dienten als Tore. Regeln befolgten wir noch gar keine. Kleine Stöcke von einem Spielzeugwarenhaus und anstelle eines Pucs ein Tennisball. Zwei oder drei Jahre später erhielten wir über die Gesellschaft für Muskelkranke eine Einladung nach Australien. Dort sollte ein internationales Rollstuhl-Hockey-Turnier ausgetragen werden. Bisher hatten wir geglaubt, diesen Sport für die Muskelkranken erfunden zu haben. Jetzt merkten wir, dass andere diese Möglichkeit schon längst entdeckt hatten. Die Deutschen spielen seit anfangs der siebziger Jahre.

Als die Einladung kam, war unsere erste Reaktion: Eine Reise nach Australien? Das ist unmöglich! Eine Gruppe so Schwerbehinderter? Auch war dies finanziell für uns völlig undenkbar. Dann gab es im Fernsehen eine Sendung namens Grell-Pastell mit Kurt Äschbacher. Behinderte konnten dort einen Wunsch anbringen und die versuchten dann, diesen zu erfüllen. Wir hatten alle irgendwelche kleinere oder grössere Wünsche. Ich wollte mit einem Trucker nach Skandinavien. Daraus konnte nichts werden, weil dies mit dem Elektro-Rollstuhl nicht realisierbar gewesen wäre. So einigten wir uns, einen gemeinsamen Wunsch zu äussern, nämlich diese Australienreise ans Turnier. Das Ziel rückte näher, doch fehlte uns immer noch ein beachtlicher Geldbetrag. Nun schaltete sich eine grosse Zeitung ein und jetzt schien unser Traum wahr zu werden.

Zwei Wochen vor der Abreise kam die Meldung von der Air-Line, bei der wir gebucht hatten, das Verladen der Elektro-Rollstühle koste zusätzlich sechzigtausend Franken. Das hiess, der Transport für einen Rollstuhl kam auf sieben bis achttausend Franken zu stehen. Das Ticket für einen Elektro-Rollstuhl wäre auf ein Vielfaches zu stehen gekommen, was ein Ticket für einen Passagier kostet. Sowohl vom Fernsehen als auch von der Zeitung her wurde jetzt bei der Air-Line Druck gemacht. Dann kamen sie uns immerhin fünfzigtausend Franken entgegen und der Transport für alle Rollstühle kam jetzt noch auf zehntausend Franken zu stehen. Einen Rollstuhl hat man ja nicht aus Freude. Der gehört zu einem. Ohne ein solches Gefährt sind wir Muskelkranken absolut abhängig und unmobil. Die Air-Line lenkte ein und so wurde es möglich, dass wir am Turnier teilnehmen konnten.

Jetzt ging es los mit Vorbereiten. Wir waren unglaublich nervös. Pro Mannschaft braucht es fünf Spieler, dann zusätzlich einen Torhüter und einen Reservespieler. Mit kamen die Brüder Luigi und Rino, dann Marc, Thomy, Marcel, Heini und ich. Auch Martha, die damalige Heimleiterin, kam mit und zusätzlich zehn

Betreuerinnen und Betreuer. Der Flug selber dauerte fünfundzwanzig Stunden und war sehr anstrengend. Die ganze Reise inklusive Busfahrt, umladen, warten und wieder warten dauerte insgesamt einunddreissig Stunden. Ich schlief nur etwa eine Stunde. Wir absolvierten den ganzen Weg, also alle Flüge nacheinander, ohne Pause. Zuerst die Malediven. Dann eine Zwischenlandung. Dann Singapur. Flugzeug wechseln. Dann bis nach Brisbane. Endlich waren wir am Ziel. Endlich waren wir in Australien. Was für ein Gefühl, trotz der grossen Müdigkeit.

Wir wohnten dort in einer Villa mit Swimmingpool. Anstatt nach dem langen und anstrengenden Flug schlafen zu gehen, gingen wir als erstes in diesen Swimmingpool. In der Nacht darauf schlief ich tief und fest. Trotz der vielen Mücken. Rino hatte am andern Morgen zweiundvierzig Mückenstiche an einem Arm. Wir Muskelkranken können die Mücken ja nicht einfach tot schlagen. Dazu reicht die Muskelkraft bei weitem nicht. Das ist das Gemeine. Aber es ging dennoch allen gut. Wir fühlten uns gut. Waren stolz, als Schweizer Mannschaft hier sein zu können und all das erleben zu dürfen.

Fünf Länder nahmen am Turnier teil. Zwei Mannschaften kamen aus Australien selbst, eine aus Neuseeland, eine aus Deutschland, eine aus Holland und unsere aus der Schweiz. Von diesen sechs Teams holten wir den vierten Platz. Das war eine Ernüchterung. Wir konnten froh sein, dass das eine Team aus Australien und die Neuseeländer in diesem Sport auch noch nicht weiter waren als wir. So waren wir doch wenigstens nicht die Letzten. Heute muss ich lachen, wenn ich daran denke, wie wir damals spielten. Deutschland und Holland waren die Favoriten. Wir verloren bei diesen Mannschaften sechs zu null und zwölf zu null. Aber das war nicht das wichtigste. Australien war dennoch ein grosses Erlebnis und leider waren die zwei Wochen viel zu schnell vorbei.

Auf der Rückreise passierte ein Malheur. Es ging vergessen, dass die Deutschen ab Singapur ein anderes Flugzeug nehmen mussten. In Zürich-Kloten stellten wir fest, dass ihre Elektro-Rollstühle nicht umgeladen worden und so mit uns in die Schweiz geflogen waren. Ein Malheur war das vor allem für die Deutschen, die ohne ihre Rollstühle recht hilflos waren.

Das war im Jahre 1991. Im gleichen Jahr gründeten wir zu dritt unseren Rollstuhl-Hockey-Club. Ralph, Rino und ich. In dieser Zeit lernten wir viel von den andern und machten beachtliche Fortschritte. Ich hielt die Mannschaft zusammen. War ihr Kapitän. Ralph und Rino sind bereits gestorben. Von unserem Gründertrio bin ich also noch der einzige.

Bald nach unserer Australienreise luden uns die Deutschen zu sich ein. Jetzt wurden in Deutschland drei bis vier Turniere pro Jahr organisiert und es kamen bis zu zwölf Mannschaften, wobei die meisten allerdings aus Deutschland selbst stammten. In Deutschland gibt es etwa fünfzig Mannschaften.

Ralph, dem wir das alles zu verdanken haben, konnte nur noch etwa zwei Jahre mit uns spielen. Dann starb er. Ihm verdanken wir noch mehr Gutes im Marie-Tanner-Heim. Dank ihm bin ich auch Fan des Zürcher Schlittschuhclubs, des ZSC geworden. Ich wusste vorher nichts von Eishockey. Im Jahre 1989 hatte er Thomy und mich ins Hallenstadion mitgenommen. Wir gingen ein paarmal mit und schauten zu. Es gefiel uns und so etwa ab anfangs 1992 liessen wir kein einziges Spiel mehr aus. Wir waren bei jedem Heimspiel dabei. Dann reisten wir auch nach Lugano, Bern und Freiburg. Ralphs Vater nahm uns mit. Wenn wir zu den Auswärtsspielen kamen und mit unseren Rollstühlen im Stadion einfuhren,

Rollstuhl-Hockey-Turnier in Tilburg (NL) 1997:
Marco nimmt als Kapitän seiner Mannschaft einen Pokal entgegen.

riefen uns die Fans zu. Sie bejubelten uns und riefen: «Hopp ZSC!» Als ob wir die Spieler wären. So grüssten sie uns. Ein unglaublich gutes Gefühl. Dank Ralph bekamen wir auch Kontakt mit den Spielern. Zwei von ihnen, Andreas Zehnder und Ivan Griga sowie der damalige Trainer, Arno del Curto besuchten uns einmal im Heim. Kamen zu einem Nachtessen. Dann spielten wir Rollstuhl-Hockey gegen die. Daraus entstand eine Art Freundschaft. Jedesmal wenn sie uns sahen, winkten sie oder klopften an die Spielfeld-Scheibe. Andreas Zehnder spielt noch immer im ZSC. Arno del Curto wurde Trainer von Davos. Auch er grüsst uns noch immer. So gibt es nun seither im Heim auch ein paar Fans von Davos. Michael und Valentina kennen sozusagen jeden Spieler von Davos.

Manchmal durften wir zu den Spielern in die Kabine. Die machten das nicht aus Mitleid. Das war echte Kameradschaft. Die nahmen uns und unser Hockey ernst. 1998, als hier in der Schweiz die Weltmeisterschaft war, hatten wir vor dem Spiel einige gute Gespräche. Wir trafen die Spieler privat in den Beizen. Auch die Fans kannten uns längst und auch heute noch sind wir, wenn wir an einen Match gehen, mit Hupen ausgerüstet, mit Fahnen und Leibchen, wie es sich für echte Fans gehört.

Wie gesagt, vom Gründertrio unseres Clubs bin ich der einzige, der noch lebt. Der Hockey ist etwas, wo man auf mich hört. Es sind jüngere Spieler nachgekommen, aber ich betreue die Mannschaft bis heute. Bin besorgt dafür, dass wir an Turnieren teilnehmen können. Dass wir einen Trainer haben. Das tue ich sehr gerne.

Am ersten April 2000, und das ist kein Aprilscherz, wurden die ZSC-Lions nach langem Warten endlich Schweizer Meister. Das war ein Jubel! Angemalt wie Indianer, ausgerüstet mit allen möglichen Fanartikeln hatten wir im Hallenstadion mit gefiebert. Als zehn Sekunden vor Spielende der Siegestreffer fiel, war auch auf der Rollstuhltribüne die Hölle los. Wir hupten solange, bis die Hupen kapitulierten. Das schönste war, dass der Meister-Trainer zu uns auf die Tribüne kam. Er schenkte mir seine Meisterkappe. Schliesslich gingen wir zusammen mit den andern Fans aufs Eis und feierten mit ihnen bis gegen halb zwei Uhr morgens. Danach fuhren wir mit dem Bus des MTH hupend durch die Innenstadt.

In der Zwischenzeit sind die Lions wieder Meister geworden. Ein tolles Gefühl für uns Fans.

Leider gab es im Zusammenhang mit den Besuchen der Eishockeymatchs auch ein paar schlimme Erlebnisse. Einmal, etwa ein halbes Jahr bevor Ralph starb, waren wir im Stadion. Thomy und ich hatten das Gefühl, es gehe ihm nicht gut. Während dem Spiel schauten wir ständig zu ihm hinüber. Er wurde ganz blau im Gesicht. Schliesslich sagten wir zueinander: «Jetzt müssen wir Hilfe holen.» Wir liessen jemanden ins Heim anrufen. Schliesslich kam ein Betreuer mit dem heimeigenen Bus. Wir mussten etwa eine halbe Stunde warten, bis dieser da war und bekamen immer mehr Angst. Ralph wurde immer blauer. Er hatte grosse Atemprobleme und einen massiven Sauerstoffmangel. Es reichte dann aber zu unserer Erleichterung doch noch. Wir wollten mit zurück ins Heim, wollten den Match nicht mehr zu Ende sehen. Wir waren so erschrocken und durcheinander. Nur zu gut wussten wir, dass das auch uns passieren konnte.

Einmal war ich stark erkältet. Trotzdem wollte ich unbedingt an einen Match. Es war vereinbart, dass Journalisten etwas über uns berichten würden. Ich wäre besser nicht gegangen. Es ist bekannt, dass bei einem Muskelkranken bereits eine leichte Erkältung innert kurzer Zeit zum Tod führen kann, weil die Atemmuskulatur so schwach ist, dass der Schleim nicht aushustet werden kann. Nun, ich war also erkältet und erzwang es, doch an den Match zu gehen. So bekam ich eine schwere Lungenentzündung. War fast einen Monat lang im Spital und wäre beinahe gestorben. Seither erwischte es mich zwei weitere Male wegen dem Eishockey. Ich darf nun definitiv nicht mehr gehen, wenn ich erkältet bin.

Ein andermal fuhren wir an einen Match nach Davos. Ich hatte Magenprobleme. Je höher wir hinauf kamen, um so mehr Probleme bekam ich. Ich hatte starke Blähungen und bekam fast keine Luft. Das Atemgerät hatte ich nicht dabei. Damals hatte ich das Atemgerät überhaupt erst nachts. Obwohl wir als Gruppe gekommen waren, sass ich allein auf einer Tribüne und musste eine Frau ansprechen, damit sie die Sanität zu mir schickte. Dann bekam ich Sauerstoff. Auf dem Heimweg musste mir eine Betreuerin des Heimes, die mitgekommen war, während der ganzen Fahrt auf die Brust drücken, damit ich atmen konnte. Seither gehe ich nicht mehr nach Davos. Die Lungenentzündung holte ich mir in Rapperswil, und auch da gehe ich nicht mehr hin. Die Angst sitzt zu tief.

Seit einiger Zeit habe ich auch tagsüber ein Atemgerät. Aber auch so kann dennoch etwas Unvorhergesehenes geschehen. Eines Samstags an einem Match war die Batterie leer. Der Match hätte noch etwa zwanzig Minuten gedauert. Ich sagte zu einem Securitaswächter, dass die Batterie meines Atemgeräts leer sei. Die kennen uns recht gut. Da organisierte dieser Securitasmann eine Kabelrolle und verlegte das Kabel bis auf die Tribüne. Im Hallenstadion. Nur damit ich die letzten zwanzig Minuten noch mit ansehen konnte. Der wollte mir diesen Gefallen tun, damit ich nicht früher heim müsse. Diese Episode gehört zu den schönen Erlebnissen.

Nach Ralphs Tod kam Marc zu unserer Fangruppe. Über vier Jahre lang gingen wir drei, Thomy, Marc und ich, an jeden Match.

In der Zeit, als ich noch im ‹Daheim› wohnte, war es für mich sehr schwierig, mein Hobby, das Hockey auszuleben. Ich wurde zum Teil recht zornig, weil ich das Gefühl hatte, dass man mir das, was mir das Liebste war, wegnehmen wollte, dadurch, dass es mir nicht möglich war, an Turniere oder Matchs zu gehen. Einige Male musste ich, bevor der Match zu Ende war, heimgehen, damit mich noch jemand ins Bett brachte. Das war für mich jedesmal sehr schlimm. Einmal vereinbarte ich mit einer Betreuerin, dass sie länger bleibe, damit ich den Match zu Ende sehen könne. Als ich heimkam, war sie nicht mehr da. Dann brachte mich eine Aushilfe, die als Putzfrau angestellt war, ins Bett. Die ganze Prozedur dauerte etwa drei Stunden. Ich drehte fast durch.

Einmal wurde mir versprochen, dass mich zwei Betreuerinnen ans Turnier nach Norddeutschland begleiten würden. Ich brauche zwei Betreuer als Begleiter. Für einen allein ist es zu streng. Dann sagte die eine plötzlich: «Also wenn du dich so benimmst, dann komme ich nicht mit.» Die andere wollte dann nicht mit, weil diese sich plötzlich drückte. Es war das erste Mal, dass ich auf ein Hockey-Turnier verzichten musste. Ich fragte etwa zwanzig Leute an, ob sie mich begleiten würden. Bekam lauter Absagen. Da realisierte ich wieder einmal mehr, wie angewiesen ich für die kleinsten Verrichtungen bin. Dabei hätte die Mannschaft meine Unterstützung dringend gebraucht. Ich war zu der Zeit ihr Torhüter. Auch der beste Stürmer konnte nicht mit an dieses Turnier. Die Mannschaft wurde zweitletzte. Kassierte vierundsechzig Tore und konnte nur drei schiessen.

Letztes Jahr wurde im MTH ein Verein gegründet und jetzt wird Vieles über unsere Köpfe hinweg entschieden. Es sind jetzt Nichtbehinderte, die das meiste organisieren. Ich habe nicht mehr viel zu sagen. Gut, ich habe noch einen Vorteil: Die Verantwortlichen wissen, dass es die Mannschaft ohne mich gar nicht mehr gäbe. Das wird respektiert. Ich hatte die Mannschaft während zwei Jahren weiter trainiert. Es gab Zeiten, wo nur noch drei Spieler zur Verfügung standen. Ich gab nicht auf. Ich kämpfte, weil ich Freude am Leben habe, und weil Hockey für mich das halbe Leben bedeutet. Jetzt habe ich die Erinnerung an all diese schönen Erlebnisse, und das ist mir sehr viel wert.

Im Herbst 2000 konnten wir, die Iron-Cats, endlich unser eigenes Turnier realisieren. Nach langer Vorbereitungszeit klappte alles wunderbar. Mannschaften aus Deutschland, Belgien, Slowenien und der Schweiz nahmen daran teil. Wir brachten drei Teams aus unseren Reihen zusammen. Unsere Mannschaften können geschlechtlich gemischt sein. Zu den Iron-Cats gehörten Jan, Valentina, Veronica, Matthias und Mauro. Zusammen machten wir den siebten Platz und holten uns damit den besten Rang, den wir je an einem Zwölf-Mannschaften-Turnier erreicht haben. Wir sind alle froh, dass Jan dieses Turnier, das er mit organisiert hat, noch erleben konnte.

Liebe und Sexualität

Als ich mich zum ersten Mal verliebte, war ich zwölf. Also verliebt, was heisst das schon, es war einfach eine hübsche Betreuerin. Thomy und ich fanden sie beide herzig. Wir hatten zu dieser Zeit das Zimmer gemeinsam und konnten dann nicht einschlafen, stellten uns ein paar Sachen vor, dachten uns aus, wie es wäre, wenn wir sie küssen würden. Wir redeten so kindlich darüber. Dann verlangten wir einen Tee, damit sie nochmals ins Zimmer kam.

Als meine Sexualität erwachte, war ich etwa dreizehn. Vorher hatte ich von nichts eine Ahnung, war kaum aufgeklärt. Dann fand ich heraus, wie man sich befriedigen kann. Liebe und Sexualität kann ich nicht trennen. Ich habe mich dann laufend verliebt. Ich weiss nicht, ob es jemanden gibt, der sich so oft verliebt hat wie ich. Das ging immer so schnell bei mir. Aber ich war immer unglücklich verliebt. Meistens war ich auch nicht der einzige im Heim, der sich in eine bestimmte Frau, eine bestimmte Betreuerin verliebt hatte. Sonst waren ja kaum Kontakte mit Mädchen möglich. Jedenfalls nicht mit nichtbehinderten Mädchen. Ich wollte keine behinderte Freundin. Das wäre auch technisch schwierig. Du brauchst eine Drittperson, um mit deiner Freundin zusammen sein zu können. Mittlerweile könnte ich mir das zwar durchaus vorstellen, aber zu jener Zeit versuchten wir, mit den Betreuerinnen anzubändeln. Wir erzählten ihnen von unseren Gefühlen, fragten sie – aber alle gaben dieselben Antworten. Entweder sie hatten schon einen Freund oder sie sagten, sie möchten im Moment keinen Freund oder sie empfänden nicht die gleichen Gefühle wie wir. Vor allem in den Lagern verliebte man sich ständig. Meistens hiess es dann: «Ja, wir können schon gute Freunde sein!» Oder so ähnlich. Das führte dann aber immer zum Kontaktabbruch. Wir suchten ja nicht eine Freundschaft in diesem Sinne, sondern eine Beziehung.

Einmal, als Jugendliche, waren wir in Kilchberg im Hallenbad. Dort war auch eine Schulklasse anwesend. Alles Mädchen. Die waren in unserem Alter oder ein wenig jünger. Das war vor zehn Jahren. Marc traute sich dann, die anzusprechen. Wir luden sie ins Heim zu einem Nachtessen ein. Sie kamen, etwa zehn Mädchen, und das entwickelte sich dann weiter. Sie kamen wieder. Wir vereinbarten immer neue Termine. Wenn sie Mädchen-Fussball spielten, schauten wir zu. Manchmal gingen wir gemeinsam ins Kino. Also richtig in den Ausgang. Es waren hübsche Mädchen und wir hatten mit ihnen schöne Freundschaften. Jeder von uns hatte so seine Favoritin. Aber es wurde keine einzige Beziehung daraus. Auf beiden Seiten war eine Scheu da. Der Behinderung gebe ich etwa zu vierzig Prozent die Schuld. Als die Mädchen nicht mehr zusammen zur Schule gingen, brach der Kontakt ab. Ich versuchte noch lange, mit einem der Mädchen in Briefkontakt zu bleiben. Aber ich bekam nie eine Antwort. Die Zeit, die wir zusammen erlebten, war sehr schön. Zum Teil sind wir zweimal pro Woche mit den Mädchen in den Ausgang gegangen. Als wir von Australien zurück kamen, holten sie uns am Flughafen ab. Das war toll.

Sexualität kann ich nur über Selbstbefriedigung leben, jedenfalls bis jetzt. Es gibt andere Schwerbehinderte, die sich eine Frau gegen Bezahlung bestellen. Fünf- bis sechshundert Franken für einen Besuch. Ich war aber auch abgesehen von den Finanzen immer dagegen. Ich wollte das einfach nie. Ich habe Mühe mit dem Gedanken, dass jemand nur für einen Abend kommt, jemand, den du vorher noch nie gesehen hast. Man kennt sich gar nicht und es geht nur um Sexualität. Ich wollte immer Beziehung *und* Sexualität. Und eben, es wäre mir auch viel zu teuer.

Jetzt kommen wir zu einem heiklen Thema. Es gab noch andere Varianten. Gegenseitige Zuneigung unter Jungen. Ich weiss, dass dies auch bei nichtbehinderten Jungen vorkommt. Das Thema ist für mich heikel, aber ich will jetzt doch darüber reden, weil es einfach real ein Problem ist. Ich hatte mit Heini ab meinem dreizehnten Lebensjahr eine Beziehung. Bis er starb. Immer wieder haben wir uns ein bis zwei Mal pro Woche befriedigt. Ich habe ihn zwar nicht geliebt wie ein Mädchen. Ich bin heterosexuell. Das geschah aus einer Not heraus. Er wollte manchmal mehr, also auch küssen und so, und da hatte ich dann schon wieder eine Abneigung. So haben wir uns einfach gegenseitig befriedigt. Im Heim war dies immer ein Tabuthema. Wir mussten es deshalb immer versteckt machen. Entweder in den Lagern oder irgendwo im Keller unten. Wir standen ständig unter Angst, es komme jemand. Auch andere wurden zum Teil erwischt. Zwar wurde dann darüber geschwiegen, aber es war einfach sehr peinlich. Untereinander wusste man voneinander. Es gab eine Zeit lang so sechs bis zehn Jungen, von denen wusste man, dass sie es regelmässig mit einem andern Jungen zusammen machten. Aber es gab auch solche, die ihre Sexualität nicht so auslebten. Die erlebten das nicht so, fanden dann stets: «Ach, die sind schwul!» Nachdem Heini gestorben ist, habe ich mit Jan eine ähnliche Beziehung aufgebaut.

Einmal redete ich mit Frederik, der mit mir in einem Jugendlager das Zimmer teilte und in einem andern Heim wohnt, über dieses Thema. Er erzählte mir, dass er ebenfalls sexuelle Kontakte mit einem Mitbewohner hatte. Einmal wurde ihm das aber böse zum Verhängnis. Er fühlte sich eher zu Jüngeren hingezogen. Hatte einen Freund. Pietro. Der war jünger als er. Gesetzlich war er noch unter der legalen Altersgrenze. Eigentlich hatte sich Frederik damit strafbar gemacht, aber er erzählte, sein Freund habe es wirklich auch gewollt. Ohne seine Behinderung wäre er ja mit einem gleichaltrigen Mädchen zusammen gewesen. Er sagte mir, er wolle sich deshalb nicht schuldig fühlen. Die Zuneigung war gegenseitig.

Frederik war in seinem Zimmer. Dann kam Pietro zu ihm. Dummerweise platzte gerade ein Betreuer herein. Es gab ein Riesentheater. Frederik durfte fast ein Jahr lang nicht mehr zu Pietro auf die Gruppe oder ihn in sein Zimmer einladen. Oder die Zimmertür musste offen stehen. Jener Internatsleiter gab diese Weisungen. Der Betreuer, der dazu gekommen war, hatte es offenbar nicht wirklich gesehen. Er hatte es vermutet von dem, was er gesehen hatte. Pietro konnte man noch so richtig ausquetschen und bedrohen. Anstatt es für sich zu behalten, gab er alles zu. Das wurde dann in jenem Heim im ganzen Haus herum erzählt. Frederik hatte jahrelang den Ruf, ein Kinderschänder zu sein. Die Freundschaft zu Pietro ging trotz diesem Vorfall nicht verloren. Das war im Lager, in dem beide teilnahmen, klar ersichtlich. Als er das erzählte, hatten Jan und ich auch grosse Angst, vor dem «erwischt werden». Aber manchmal wagten wir es doch. Dann haben wir uns gegenseitig–, er hatte noch genügend Kraft, konnte sich noch gut bewegen, ich selber kann ja längstens nichts mehr, aber er zog dann einfach meine Hand zu sich hinunter oder bewegte den Rollstuhl. Es gibt schon Möglichkeiten. Ich hatte meinen Freund sehr gerne. Das ist nicht einfach eine Frage der Sexualität. Ich habe ihn in den letzten Jahren immer lieber gewonnen. Ich war wohl eine Zeit lang sogar verliebt in ihn. Obwohl ich heterosexuell bin. Er fand das schön von mir, sagte mir aber, dass es bei ihm anders sei, dass es ihm um einen gegenseitigen freundschaftlichen Gefallen gehe. Er tat es mir zu lieb und nahm es gerne auch von mir an. Er bedeutete mir aber weit mehr. Er war eigentlich mein bester Freund.

Sterben und Tod

So krass wie neulich hatte ich noch nie Gedanken an den Tod. Ich hatte stets einen starken Lebenswillen, auch damals, als ich bewusstlos wurde. Jetzt ist es nicht mehr nur eine Erkältung, die mich nachdenken lässt. Der gesamte Körper macht nicht mehr mit. Jetzt beeinflusst der Körper meine Seele. Es ginge mir eigentlich gut, aber es tut mir einfach alles weh. Die Gesässknochen, der Rücken, der Rollstuhlgurt der mir einschneidet, einfach alles. Dann verdränge ich den Gedanken an den Tod aber sofort. Ich rede nicht gerne darüber. Ich schiebe das Thema immer weg. Aber zwischendurch denke ich doch darüber nach oder ich frage mich: «Dieses Theater, das Leben, hat es überhaupt einen Sinn? Am liebsten möchte ich jetzt doch gehen.» Dann fühle ich mich richtig depressiv. Traurig darüber, dass ich überhaupt solche resignative Gedanken habe. Bis vor kurzem war ich immer stark genug, solche Gedanken fern zu halten.

Ich lebe sehr gerne. Vor der Rückkehr ins Marie-Tanner-Heim hatte ich fast resigniert. Ich dachte, jetzt gebe ich auf. Doch dann setzte ich mir ein neues Ziel. Dann ging es wieder bergauf. Ich habe mir bewusst immer ein Ziel gesetzt. Ich weiss, dass dies lebenserhaltend sein kann. Es war immer wieder ein anderes Ziel: Ins Lager zu gehen oder auf eine Reise. Eine Hockey-Saison. Ein Match. Dann setzte ich mir zum Ziel, das Jahr 2000 zu erleben und jetzt, wo ich das erreicht habe, setzte ich mir wieder ein neues Ziel: Das nächste Hockey-Turnier. Und das Buch hier, das ist mir ein wichtiges Ziel. Ich möchte das machen.

Im Jahre 1996 kam ich zum ersten Mal mit dem Tod in Berührung. Die Vorgeschichte habe ich bereits erzählt. Also ich hatte den Husten, war stark erkältet und hatte mit zwei Journalisten von einer Zürcher Tageszeitung einen Termin vereinbart. Wir wollten zusammen nach Rapperswil an den Eishockeymatch. Anstatt zu Hause im Bett diese Erkältung auszukurieren, wollte ich unbedingt hingehen. Schon die Hinfahrt war schwierig. Ich hustete die ganze Zeit. Bis zur Spielhälfte hielt ich es relativ gut aus. Dann musste ich hinaus, wo es noch kälter war als im Stadion. Ich versuchte, den Schleim auszuhusten. Es war eine richtige Tortur. Als wir wieder zurück im Heim waren, ging es mir plötzlich sehr schlecht. Ich hatte Fieber und der Hausarzt des Heimes sagte, es sei besser, wenn ich ins Spital gehe. Als ich zwei Tage im Spital war, sagte man mir, die Antibiotika würden mir nicht helfen. Ich schnappte wirklich nach Luft, und so rieten die Ärzte, mich in einen künstlichen Schlaf zu versetzen, damit sich mein Körper erholen könne. Ich hatte riesengrosse Angst vor dem künstlichen Schlaf. Angst, nicht mehr zu erwachen. Ein Kollege sprach mir gut zu und schliesslich überwand ich mich und willigte ein. Drei Tage wurde ich im künstlichen Koma gehalten. Dann holten sie mich aus dem Schlaf zurück. Aber es ging mir noch nicht viel besser. Nun sagten die Ärzte vom Stadtspital, sie müssten mich ins Universitätsspital verlegen, damit mir ein Atemgerät angepasst werden könne. Also wurde ich auf die Intensivstation verlegt. Dort hatte ich ein schockierendes Erlebnis. Ich musste ins Bett, obwohl ich im Rollstuhl sitzend besser atmen konnte. Man liess mich einfach liegen. Ich schrie und rief, aber sie sagten, sie könnten nichts machen. Dann liess ich jemanden meine Mutter anrufen und sagte zu ihr, ich hätte grosse Angst. Sie kam und ich wurde in ein Einzelzimmer verlegt. Die Mutter konnte jetzt bei mir bleiben. Ich hatte einen solchen Horror vor der ganzen Piepserei auf der Intensivstation. Ich lag zwei Tage dort. Schliesslich sagte ich, ich halte es nicht mehr aus, ich wolle versuchen, wieder ins Heim zurück zu gehen. Dann willigten die Ärzte ein und wir probierten das. Die Mutter blieb zwei Nächte bei mir. Dann wurde mir auch das zu viel. Schliesslich konnte ich heim zur Mutter. Einen Tag lang ging es gut. Am zweiten Abend, als sie mich ins Bett brachte, konnte ich plötzlich nur noch röcheln: «Es kommt keine Luft, es kommt keine Luft!» Obwohl ich am Atemgerät war, hatte ich nicht genug Sauerstoff. Das Atemgerät beatmet nicht. Es hat nur eine unterstützende Wirkung. Dann trat ich weg. Wurde bewusstlos. Wurde total blau, wie mir die Mutter später erzählte. Nun ist meine Mutter früher zum grossen Glück Krankenpflegerin gewesen. Sie reagierte rasch, rief den Krankenwagen, das bekam ich so halb mit, wie sie mich auf den Rollstuhl setzten und mich hinunter schleppten. Dann weiss ich nichts mehr. Zwei Tage später erwachte ich wieder. Der Arzt sagte, zehn Minuten später wäre ich tot gewesen. Ich erschrak, als er mir das sagte. Dann begann ich sogar zu beten, zu danken dafür, dass ich noch lebte. Die Sauerstoffsättigung im Blut beträgt normalerweise etwa neunzig Prozent. Ich hatte noch einen Wert von achtundvierzig gehabt. Der Arzt sagte, ein anderer Patient hätte dies nicht überlebt. Duchenne-Patienten müssen sich langsam an einen niedrigeren Sauerstoffgehalt im Blut gewöhnen. Das Sauerstoffzentrum im Hirn hat also langsam gelernt, dass weniger Sauerstoff im Blut ist. Ein plötzlicher Abfall wäre mit dem Leben nicht vereinbar gewesen. Es ist paradox, aber in diesem Moment dachte ich: «Dank meinem Duchenne lebe ich noch.» Das stimmt so natürlich nicht, denn ohne Duchenne hätte ich ja überhaupt keine Atemprobleme. Aber in diesem Moment dachte ich das und es faszinierte mich.

Jetzt war ich also wieder intubiert und konnte kaum reden, musste mich mit Augenzeichen verständigen. Zwei weitere Tage mit dem Tubus. Ich war frustriert und entmutigt. Genau in dem Moment, als ich extubiert wurde, kam die Sonne hervor, nachdem es eine Woche lang geregnet hatte. Jetzt kam die Sonne. Ich war überglücklich. Zwei Tage vorher hatte ich zu meiner Mutter gesagt: «Wenn sie mich extubieren, dann musst du mir unbedingt ein Brötchen mit Streichkäse bringen.» Das tat sie, und schon zwei Stunden später mochte ich essen. Hatte einfach Lust darauf. Alles stimmte.

Endlich besserte sich mein Zustand langsam wieder und ich durfte das Spital verlassen. Da dachte ich: «Eine so schlimme Erkältung werde ich nie mehr haben.» Jetzt war ich wieder der alte Marco, spürte den Lebenssaft in mir und passte auch nicht mehr besonders auf, wenn ich nach draussen ging. Und prompt erwischte es mich im Sommer desselben Jahres erneut. Zwar etwas weniger schlimm, aber es war doch wieder eine Lungenentzündung und ich musste wieder mehr als eine Woche ins Spital. Ich hatte jetzt vor allem grosse Probleme mit dem Abhusten des Schleimes. Aber ich wurde auch diesmal wieder gesund. Im Jahr darauf erwischte es mich noch zweimal, allerdings bedeutend weniger schlimm.

Ich habe sehr grosse Angst vor dem Tod und dem Sterben. Mehr vor dem Sterben. Angst vor dem Übergang. Wie ich das erleben werde. Früher habe ich abends immer gebetet. Ich habe das Gefühl, dass mir das half, und zwar betete ich immer so: «Lass mich morgens wieder aufwachen.» Das beruhigte mich. Warum ich das heute nicht mehr bete, weiss ich nicht. Ich habe einfach wahnsinnig Angst, was nachher sein wird. Ich weiss nicht, was kommen wird. Ob ich es dann wirklich schöner finde. Es ist nicht Angst vor einem strafenden Gott. Es ist wohl wirklich am meisten Angst vor dem Übergang.

Ich hörte schon Verschiedenes von einem Tunnel. Dass man durch einen Tunnel einem Licht entgegen gehen würde. Ich hätte Angst vor einem Tunnel. Im Moment des Sterbens wäre mir wichtig, dass –, nein, ich möchte das gar nicht erleben, ich möchte vorher einschlafen. Ich möchte es nicht wissen, ich möchte nicht wissen, dass ich am Sterben wäre. Genau vor diesem Spüren, vor diesem Realisieren habe ich Angst. Müsste ich es doch spüren, dann möchte ich, dass meine Mutter bei mir wäre und mich halten würde. Ich habe aber wirklich den Wunsch, erst zu sterben, wenn es so weit ist. Ich möchte keine Vorahnung haben: «Jetzt ist es soweit!» Ich kann mir das auch gar nicht vorstellen, dass Leute im Sterben fast glücklich sind. Ich hänge zu sehr am Leben. Ich kann mir einfach nicht vorstellen, dass ich einmal sagen kann: «Ich werde jetzt dann sterben. Ich bleibe ruhig.» Am liebsten wäre mir, ich würde einfach einschlafen und fertig. Ich habe viele Horrorszenarien in meinen Gedanken. Nein, ich möchte einfach normal einschlafen. Nicht wegen einer Erkältung sterben. Ich möchte nicht leiden müssen. Ich möchte auch nicht im Spital sterben. Ich habe manchmal das Gefühl, dass ich, wenn ich zu viel über dieses Thema rede, dann schon fast zu sehr darauf vorbereitet bin. Jemand sagte einmal zu mir: «Solange du Angst hast, wirst du auch nicht sterben.» Vielleicht möchte ich deshalb die Angst gar nicht verlieren. Es ist mir eigenartig zumute bei diesem Thema. Ich bin jetzt aber doch gerade daran, zu überlegen, was ich –, wenn ich es doch merken würde, was ich dann noch alles haben müsste. Kollegen um mich herum. Jan hätte ich gerne bei mir, aber er ist jetzt vor mir gegangen. Aber Reto und Dani. An einem Eishockeymatch live dabei sein. So ging es Ralph. Die Nacht, in welcher er starb, war er am Abend zuvor am Match in Lugano. Er muss irgendwie gemerkt haben, dass –, er ist sonst nicht mehr auswärts an einen Match gegangen. Sein Vater wollte auch nicht gehen. Und er sagte: «Papi, ich muss unbedingt nach Lugano. Egal wie. Ich muss einfach dorthin gehen. Lugano gegen ZSC.» Gewonnen hat zwar Lugano, aber dennoch,- er kam am frühen Morgen zwischen ein und zwei Uhr von Lugano nach Hause. Etwa drei Stunden später starb er. So wäre es gut für mich. Ausser dass der ZSC gewinnen müsste.

Auch im MTH ist der Tod ein schwieriges Thema. Jedes Mal, wenn wieder ein Bewohner stirbt, wird es uns erneut bewusst, dass wir auch bald sterben könnten. Das realisierten wir kürzlich wieder einmal ganz besonders. Darüber will ich noch berichten und von diesem 8. November 2000 erzählen. Ein schlimmer Tag. Wir waren mitten in einem Töggeli-Turnier. Die Stimmung war fast auf dem Höhepunkt, als plötzlich ein schreiendes «Nein!» von Valentina durchs Heim schallte. Sofort wurde es totenstill. Dann erfuhren wir, dass Jan während seiner Rückenoperation gestorben sei. Die Operation war an sich beendet. Die Ärzte mussten ihm nur noch die Wunde zunähen, als plötzlich sein Herz zum Stillstand kam. Diese Nachricht schlug bei uns ein wie eine Bombe. Den ganzen Abend sassen wir, seine Freunde, zusammen und trauerten. Diese Trauerstimmung blieb etwa zwei Wochen lang. Es ist vielleicht schwer, zu glauben, dass eine Beerdigung schön sein kann, aber bei Jan war es so. Insgesamt nahmen etwa 150 Personen an diesem Abschied teil. Allein vom MTH war etwa die Hälfte der Leute mit dabei.

Während der Abdankung wurde ein sehr schöner Lebenslauf von Jan vorgelesen. Eine Woche später machten wir im MTH eine weitere Abschiedsfeier,- nein eigentlich war es ein Fest. Wir liessen Ballone zu seiner Lieblingsmusik steigen und gingen anschliessend zusammen mit seinen Eltern in ein Restaurant. Für mich und Reto war dieser Abschied sehr schwer, denn Jan war unser bester Freund gewesen. Ich machte zum ersten Mal die Erfahrung, dass gemeinsam trauern auch zusammen schweissen kann. Wir von Jans Clique kamen uns in dieser Trauerphase sehr viel näher.

Jetzt will ich aber noch leben. Obwohl alles immer komplizierter wird mit der Pflege. Ich kann rein gar nichts mehr selber tun. Aber ich habe noch Ziele und Wünsche: Das nächste Hockey-Turnier im Oktober erleben. Nochmals in die Ferien fahren. Das Buch in den Händen halten. Eine Büchertaufe erleben. Ich bin nicht so schnell unterzukriegen. Denn, ich muss es immer wieder sagen: Ich lebe sehr gerne.

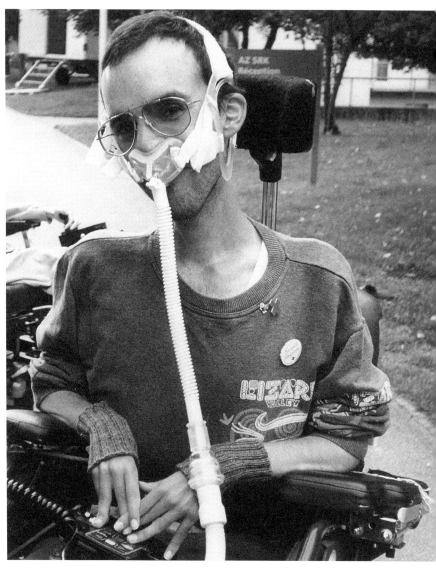

Marco heute, mit Atemgerät

Die Schweizerische Gesellschaft für Muskelkranke (SGMK)

Die SGMK wurde 1974 gegründet und zählt im Jahr 2001 über 1300 Mitglieder, meist Betroffene von Muskelkrankheiten und ihre Angehörigen.

Die SGMK befasst sich mit allen sozialen und medizinischen Problemen von Kindern und Erwachsenen, die an Muskelkrankheiten leiden. Sie setzt sich ein für eine Zukunft, in der muskelkranke Mitmenschen selbstbestimmt und gesellschaftlich integriert leben können.

Die wesentlichen Aufgaben der SGMK sind:

- Soziale und medizinische Beratung und Information der Kranken und deren Angehörigen.
- Organisation von Begegnungsmöglichkeiten für Betroffene, Angehörige und Betreuungspersonen (Kontakt- und Selbsthilfegruppen, Tagungen, Ferienlager, Weiterbildungskurse etc.).
- Unterstützung und Mitfinanzierung der Schweizerischen Stiftung für die Erforschung der Muskelkrankheiten.
- Beschaffung finanzieller Mittel zur Erfüllung der oben genannten Aufgaben.
- Betroffene, Angehörige, Fachleute aus dem medizinischen und sozialen Bereich sowie allgemein an Muskelkrankheiten Interessierte sind als Mitglieder der SGMK herzlich willkommen.

Adressen

An folgenden Adressen können Muskelkranke und ihre
Angehörigen Informationen
und Beratung bekommen:

Schweizerische Gesellschaft
für Muskelkranke (SGMK)
Kanzleistrasse 80
CH-8004 Zürich

Telefon: 0041 (0)1 245 80 30
Fax: 0041 (0)1 245 80 31
E-Mail: sgmk@sgmk.ch
Website: www.sgmk.ch

Association de la Suisse
Romande contre les
Myopathies (ASRIM)
Chemin de la Traverse 12
case postale 179
1170 Aubonne

Telefon: 021 808 74 11
Fax: 021 808 81 11
E-Mail: asrim@planet.ch
Website: www.asrim.ch

Deutsche Gesellschaft
für Muskelkranke e.V.
DGM Bundesgeschäftsstelle
Im Moos 4
D-79112 Freiburg

Telefon: 0049 (0)7665/9447-0
Fax: 0049 (0)7665/9447-20
E-Mail: DGM_BGS@
t-online.de
Website: www.dgm.org

Österreichische Gesellschaft
für Muskelkranke – ÖGN
Währinger Gürtel 18-20,
A-1097 Wien

Telefon: 0043 (0)1/40400/3112
Website: www.members.aon.
at/muskel/haupt.htm